自學也能輕鬆上手的
程式交易
Multicharts基礎、實戰與釋疑

陳宏傑◎著

基礎篇

第 1 章
建立程式交易的正確觀念

實戰篇

第 4 章

認識基本語法與畫出指標

第 5 章

掌握基礎策略 打造賺錢頭腦

第 6 章

寫出進階策略 增加獲利機會

釋疑篇

第 7 章

程式操作時常見問題

第 8 章

資料庫數據常見問題

第 9 章
策略管理與資金運用

推薦序 可被複製的獲利模式

在一切講求快速的年代，許多讀者對於「XXXX一天就上手」、「輕鬆學會XXXX」這樣的文字應該不陌生。不同種類的書籍時常出現類似的書名，有趣的是，可能是大家沒有時間、沒有耐心，因此，愈是專業的領域，就愈希望有速成的方法。

在我尚未閱讀本書之前，光看到書名中包含了「基礎」、「實戰」、「釋疑」等這幾個字，就暗暗心想，這年頭還是有人不求速成、不打高空，一點一滴、老老實實地將自己寶貴的知識，分享給各位讀者，這一點我是打從心裡佩服。金融交易本身就是一門專業技術，要搞懂已經不容易了，而當中的程式交易完全是另一回事，維護電腦資訊系統，進而撰寫

出電腦程式，如果不是從事相關工作的專業人士，沒有良師益友的啟蒙與指導，經常不得其門而入，更不用說在實際交易後，克服自我心理層面的問題。

程式交易是可以被複製的成功投資方式，但也是一條漫長且充滿荊棘的路，許多前人的成功都來自於不斷地嘗試、不斷地修正錯誤，而每一次的嘗試也必然是時間、精神甚至是金錢的付出。本書能幫助讀者一步一步從基礎開始，建立自己的交易系統，作者也提供了許多實單交易的寶貴經驗，預先點出許多初學者容易出錯的陷阱，幫助投資人進入程式交易的真實世界。

作為一個成功的程式交易者，其生活方式確實非常迷人，他打破了諸多社會常規，也不需要高學歷以及豐富的金融知識，不用上班打卡，也不用交際應酬，但是，這只是一般人片面的印象，事實上，程式交易者所投入的時間、精神，比起一般的投資人可能更多，完全沒有輕鬆多少。

金融交易多少具有投機的成分，請讀者用相對保守的態度來面對，成功的機率可能比較高，而本書可以幫助那些沒有實際經驗的讀者，扎實

的打好基礎。除此之外，本書也提到許多重要的投資觀念，希望各位讀者能夠細細琢磨，用心體會作者的用心，更預祝各位讀者投資順利，期待一起在程式交易的學習路上與你相遇。

程式交易俱樂部創辦人

林培勝

推薦序 開啟交易新視野

最近幾年，程式交易這個名詞，愈來愈為人所知，不過，一般民眾不了解的是，程式交易也分為很多個等級、很多種工具。其中，最容易入門、最適合新手學習的就是 Multicharts，它也是目前台灣程式交易領域市占率最高的一套軟體，遙遙領先其他工具。Multicharts 能在短短幾年內，從零開始打敗所有市面上同類型的工具，除了功能完善之外，最重要的原因就是它的語法簡單，易懂易讀，因此快速地席捲市場。

現在大家想學習程式交易，相對於過去，門檻已經降低很多，不論是網路或書局，相關資訊愈來愈多，但是一般常見的教學書，不是工具類，就是策略類，反而是實作經驗類的較少見，而本書剛好彌補這個缺憾。

書中所提及的內容，除了一些常見的策略範例、基本的設定與操作之外，最重要的就是，它還包含了使用者在上線交易時，常會碰到的問題，而這些實務經驗，非常適合剛要進入程式交易的新手。市面上大部分的程式交易書籍，都在講一些策略與交易方法，反而是一些最基本，新手最可能面臨的問題，都沒有人可以提供解答，因為這些東西對於那些高手而言，已經是呼吸一樣的自然。當你在走路時，你會去思考「要先抬左腳還是右腳」、「身體要向前傾幾度」等問題嗎？

但是，對於剛學走路的初學者們，這些細節如果沒有人教導的話，就要花很多時間去學習與適應，而這本書就是在介紹那些高手們不會提及的小知識、小細節，不過，對於交易者而言，它們卻是非常重要的基礎。

好了，我就不多說廢話了，歡迎大家由此踏出程式交易的第一步，進入程式交易的世界，開展你的交易新視野吧。

凱衛資訊 Multicharts 專任講師與顧問

推薦序 程式交易終將成為主流

　　初次見到宏傑，是在我的收費課程中；近年來參加我課程的學生至少超過千位，而他可以說是最認真的前幾名。宏傑長期經營部落格，並且產出大量實用的文章，針對初階與高階的程式交易者助益匪淺！在台灣，程式交易者的比率逐年增加，雖然還有很大的成長空間，但是，未來一定會成為市場交易之主流。

　　宏傑長期在金融業執行顧問諮詢與交易策略研發的工作，對於散戶長期虧損的原因多有剖析，相信本書《自學也能輕鬆上手的程式交易：Multicharts 基礎、實戰與釋疑》，除了能作為期貨新鮮人的入門書之外，對於期貨老手亦是坊間難得的參考書籍。

本書除了交易心態的論述之外，還包括進入程式交易前的各種問題，從安裝到基礎操作、Multicharts 的各種應用操作、基本語法等，同時還有畫指標、寫基本基礎策略、策略管理與資金管理等重要觀念。

本書秉持著作者推廣正確程式交易觀念的熱忱，從台灣期貨市場的商品實務交易面切入，延伸視界至海外期貨交易所，串聯國內外重要期貨商品、交易概念與選擇權策略，橫互基本分析、技術分析與交易紀律等內容，嘗試將期貨知識以簡單完整的概念呈現出來，讓本書有機會順利推出以饗讀者，因此，誠摯推薦本書，希望讀者藉由本書能夠建立起對程式交易更深入而正向的認識！

融易科技資深分析師

推薦序 初學者的武功祕笈

　　程式交易、量化交易、智能交易、高頻交易，是近幾十年來非常熱門的話題，從早期人工分析，經過數年的發展，到現在藉由電腦分析、程式交易，目前看來趨勢還是一直持續向上發展。程式交易顧名思義就是藉由電腦軟硬體，透過統計學與數學的運算，建立起交易模型與策略，在龐大的歷史數據中進行回測，並且經過量化分析、參數微調與流程檢討等一連串的來回操作後，進而篩選出投資報酬率最佳的交易策略，最後交由電腦進行自動化交易，以獲取報酬。

　　程式交易的好處是可以克服人性的貪婪與恐懼，在不帶情感下，做到有紀律的機械化交易，同時藉由回測來推估出風險與報酬。常見的程式

交易軟體包括 HTS、TradeStation、Multicharts 等，再進階一點就會用到 Excel VBA、Python、C 語言、R 語言等，作為開發交易策略的程式語言，投資人可以依個人的喜好選擇與學習。

本書主要是將新手在操作 Multicharts 的過程中，常見的問題，例如：軟體安裝、基本策略與指標開發、行情串接、下單機設定、交易回測、策略與資金管理等，做了完整又詳細的說明，無疑是一本非常適合新手的啟蒙工具書。

宏傑推出的《自學也能輕鬆上手的程式交易：Multicharts 基礎、實戰與釋疑》這本書，對於初學者來說是一大福音，看完本書後總是在想為什麼這本書出得這麼晚，早點出來將可以幫助新手，免去許多學習時的錯誤方向與時間。說了這麼多，還是建議各位讀者親自去體驗，將會了解這是一本能快速上手的武功祕笈。

iInfo 資訊交流網站版主

●推薦序 揭開程式交易的神祕面紗

　　對我來說，投資交易這件事情，原本只是下班後的興趣，但是，研究股市脈動就像考試一樣，自然而然會開始尋找勝利方程式，後來也因緣際會開始使用 Multicharts，同時走上了程式交易這條路，而金融交易的經驗至今 20 年，程式交易資歷也達到 12 年。

　　本人曾經從事牙醫工作十餘年，就治病角度而言，如果治療不能夠從源頭了解疾病的成因，就不能對症下藥。而程式交易也一樣，策略開發應該是非常嚴謹，一套交易策略，上至策略主體、進場濾網，下至停損停利出場，還有後續的成效追蹤與心態調整，彼此都是息息相關，缺一不可。

　　程式交易在台灣其實尚未普及，許多的觀念與想法，都需要上國外的網站才能找到，國內的相關書籍更是少之又少，很少有像本書一樣，能將程式交易的觀念像洋蔥一樣層層剝開，從基礎的觀念解析、軟體運用，一直到策略概念、使用疑難等等項目全面解說。希望本書能幫助新手，在程式交易的學習過程中，成為重要的一本工具書。最後，祝福大家交易順心，心想事成。

群益期貨「全球交易大賽人機對決」海外期貨組冠軍

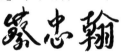

蔡忠翰

只要肯開始
人人都是程式交易高手

自序

本書的完成，得力於許多長官、同事、客戶、朋友的鼓勵與支持。最開始想提筆的初衷，是打算將一些程式交易常見的問題寫下來，放在我的臉書（Facebook）粉絲專頁——阿傑小師的程式交易新世界，讓我的程式交易客戶有管道可以自發性地找到答案，不用再為了一些雞毛蒜皮的小問題就打電話來詢問。

不過，客戶的問題愈來愈多，就連不是我的客戶也跑來發問，也逼著我得不斷地去找出答案，使得文章量也一發不可收拾地大增，因此，我決定成立部落格來放置文章，並且還有專用的引導懶人包，讓網友可以快速地找到答案，後來每個月還把常用的國內期貨歷史資料放上去，讓

我的部落格——阿傑師的程式交易新世界，成為引導廣大程式交易者解決 Multicharts 問題的場所。

我大學是主修歷史，當初會進入股市的目的其實很簡單，純粹只是想要賺零用錢而已。在研究 K 線圖的歷史資料中，我漸漸掌握到大數據分析的重要性，希望藉由研究出來的方法來進行程式交易，但是，使用 Excel VBA 的程式交易太難上手，其他的程式交易語言，對我這種沒學過程式的門外漢而言，上手難度又太高了。直到 2013 年，我接觸到由凱衛資訊代理，並且由券商推廣的 Multicharts，我才漸漸了解到程式交易的真諦，其實，程式交易並不困難，只要願意下苦功，人人都能學會。

本書的完成，我要特別感謝幾位貴人的協助：在程式語法上，要感謝張林忠老師，是他引領我進入程式交易的殿堂，讓原本只有透過書本自修的我，不但學習到程式交易的使用方法，也對 Multicharts 所使用的語法能夠融會貫通，甚至讓我有機會引領更多人學習程式交易。

在軟體使用上，要特別感謝陳瑞瑩、彭書怡小姐，以及其他凱衛小祕書的協助，因為 Multicharts 在使用上常會碰到一些小問題，要不是他們

的幫忙，我也很難快速地了解各種疑難雜症的解決方法，久病成良醫後，我也開始可以指導客戶使用上的問題。

另外，我也要感謝平時會丟出問題的客戶，因為透過持續解答你們的問題，同時不斷學習找出解決問題的方法，所以才促使我想寫書的動機，當然還有其他數不清的高手指點，各種熱絡的討論，也是讓我學習及成長的原因。

最後，還要感謝許多的朋友，包括政忠、凱筌、瑜鄉等，其他則族繁不及備載，在我寫書寫到腦袋快要爆炸的時候，你們總能將我的負面情緒，轉化成為正能量，讓我有動力繼續寫下去，謝謝大家。希望本書能讓投資人認識程式交易的樂趣，自己找到答案的成就感絕對遠大於老師親口說出來的感覺，希望大家的績效都能再創新高。

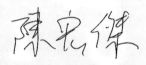

基礎篇

第1章

建立程式交易
的正確觀念

⓵1 什麼是Multicharts？

在介紹 Multicharts 之前，我們得先來說明一下什麼是「程式交易」？

「程式交易」是指運用程式的輔助，在交易市場下單，進而獲得低買高賣的報酬，而程式的輔助是什麼意思呢？簡單來說就是，投資人使用電腦設備獲取歷史資料，並且透過程式進行量化分析，以決定進場的多空方向。投資人在了解交易風險的前提下，透過券商提供的 API 來串接下單，達到不必盯盤也能在股市裡面交易。

不過，程式交易的重點絕對不是「程式」，而是在「交易」。如果程式寫得好，應該進入 Google、Apple 或台積電（2330）、鴻海（2317）

等大型電子公司。程式交易的重點在交易，也就是説，使用者必須要了解什麼是交易、什麼是低買高賣、什麼是多頭趨勢、什麼是震盪盤整等財經知識。了解股市的竅門，才是程式交易者應該要具備的基本技能。

全台使用人數最多的程式交易語言

在我所服務過的客戶中，使用 C 語言、Python、Excel VBA、R 語言的人確實都有，但是，它們的共同點在於，要有程式語言的基礎才適合學習。而 Multicharts 有點類似遊戲編輯器，對玩家而言，編輯器就能做出心目中想要的感覺。雖然有些東西受限於原始程式碼，但是，對於多數玩家而言，編輯器的程度就很夠用了。

其實，Multicharts 這套軟體就是一套整合式的交易平台，使用者可以運用數據源串接報價，並且透過內建的軟體，使用 Power Language 這種簡單的程式語言，來編寫屬於自己的指標與訊號，同時自動執行下單交易，目前它是全台灣最多人使用的程式交易語言。

而想要學習程式交易的投資人，其實有一大半都不是「程式」本科系

出身，例如我自己就是歷史系畢業，而當初決定學習 Multicharts，只是單純想把策略寫出來，並且自動交易而已，而 Multicharts 就是能讓我寫出策略的工具。

利用近似口語方式，寫出使用者想要的策略

Multicharts 的創辦人 Dennis Globa，當初也曾經參與了 TradeStation 的開發，他有感於 TradeStation 的不足，因此另外寫了 Multicharts，不過，它仍然沿用了 TradeStation 時代的程式語言 Easy Language，進而演化為 Power Language。而 Power Language 這種程式語言，能讓 Multicharts 的使用者以近似口語的方式書寫，也就是使用簡單的「if...then...」等規則，輕鬆寫出使用者心目中的策略。目前 Multicharts 在台灣是由凱衛資訊代理。

2009 年，Multicharts 剛引進來的時候，使用者其實不多，直到推出「券商版」後，才開始廣為大眾所知，並且逐漸成為台灣最多人使用的程式交易軟體。雖然程式交易使用者有 Excel VBA、R 語言、C 語言、Python 等其他選擇，但是，Multicharts 能夠擄獲消費者芳心的原因，就

在於 Power Language 使用上的簡單與方便，讓非程式出身的人，也能輕鬆上手。而 Multicharts 除了有看盤的圖表之外，還有 QuoteManager 資料庫能存放歷史資料，以及 PowerLanguage Editor 能編寫程式語法，這部分在本書後面的章節都會陸續提到。

Multicharts 使用起來並不困難，但是要用到熟練卻不容易，使用者原本只能在凱衛的討論區，透過小祕書客服來解決問題，不過，經過這些年的推廣，已經漸漸形成一個程式交易的使用族群，遠超過其他程式交易語言的人。

軟體使用族群廣大的重要性，就在於更容易進行經驗的分享與傳承。雖然 Multicharts 是付費的軟體（有券商版與專業版），但是 Multicharts 軟體本身，在編寫語法的親民性、回測的績效報表、最佳化的運算、歷史資料的讀寫運用等功能，都讓使用者覺得方便使用，希望各位讀者能在本書中學到基礎的知識，一起加入程式交易的行列。

程式交易是模仿高手的下單模式

1-2

　　在交易市場裡，高手或有錢人之所以成為裡面「80/20 法則」的勝利者（20% 的人贏走市場裡 80% 的錢），追根究柢的原因就是在於抱單的心態。散戶之所以難以賺到錢，不是因為他們的運氣差，而是他們怕賠錢。因為怕賠錢，所以只要賺一點點，他們就會想跑，明明可以有更好的出場點，卻出現各種理由，讓原本可能賺大錢的單沒有抱住，這才是散戶無法賺大錢的原因。

　　而有錢人做單的心態，往往是用日線，甚至週線、月線等長週期去判斷買賣點，盤中的震盪根本無所謂。不像散戶可能一有個風吹草動就準備出場，根本不敢長抱，因此散戶與大戶的差距愈來愈遠。

高手做單的心態就是紀律至上，進場前可能已經設定好出場的滿足點，錯的單不留戀，對的單也能以冷靜的心態去看待，而每一筆單的進出都有原因、都有根據，其實就類似於券商自營部交易員面對交易時的心態。

用程式克服內心恐懼，讓散戶提高投資績效

我們都不是有錢人，真實世界沒有模擬單這回事，模擬單的績效再好，意義都不大，因為模擬帳戶有 1 萬美元，跟你自己的帳戶有 1 萬美元，交易心態就是不一樣。我們都不是大戶，沒有數不完的資金，因此大戶的「本多終勝」（意思是大戶本金豐厚，可以靠著拗單或加碼等方法持續投入，終究能等到行情回升），不是散戶能學習的方法。

但是，程式交易不一樣，它是模仿高手的下單模式，讓每 1 口的單都有意義，讓你的下單邏輯，不會因為心情或盤中的變化而朝令夕改，導致績效不穩定。高手下單有其紀律與心法，這是散戶最難模仿的部分，可是程式交易則不然，它是將策略寫成程式碼，完美的下出每一筆單，不帶有任何情感，無論是你去開啟，或你的家人幫你執行自動交易，出來的結果都會是一模一樣。

⬤1-3 程式交易常見4大陷阱

　　許多投資人對程式交易都會有一些憧憬，也許是在說明會上，看到某位老師靠著程式交易，連 10 年都獲利的策略績效，幻想自己也能靠它達到財富自由；也許是聽信某些老師，只談策略績效與參數變化，完全不教正確觀念；也許是碰到不懂程式交易的營業員，以錯誤的觀念推波助瀾。不過，當使用者進入程式交易的殿堂之後，經常會碰到以下 4 大陷阱：

陷阱 1》手續費或滑價沒有設定

　　一旦初學者忽略這部分的設定，可能會發生因為沒有加入手續費或滑

表1 **程式交易4大陷阱，以手續費、滑價沒設定最嚴重**
——程式交易常見陷阱

項目	陷阱描述	解決方法
手續費或滑價沒有設定	績效呈現完美的45度角，卻忽略進出場的手續費與滑價預期，對績效影響最嚴重	自行加入手續費或滑價即可
收盤價進場	this bar進出場訊號標示在當根、next bar進出場訊號標示在下一根，但是實際成交都是在下一根	沒特殊需求的話，都寫next bar
過度最佳化	參數或濾網使用過多，導致回測績效完美，實際上線後表現不如預期	策略多觀察幾個月之後再開AA（自動交易）
set系列停損停利	當根K棒過度進場，或成交在不可能的點位	使用細部回測，或不用set系列停損停利語法

價，導致交易策略失真度提高。當沖型的交易策略很容易因為投資人頻繁進出，在手續費或滑價有過度的損失，而波段型的交易策略所受到的影響就相對小很多。

陷阱 2》收盤價進場

許多投資人都是以close（收盤價）作為是否買賣的決策點，因此會把程式碼寫成「buy this bar close（當根K棒收盤時買進）」，但是，實

際上線交易時會發現，真正進場時間點會是在「buy next bar（下一根 K棒的開盤價）」，而 this bar 與 next bar 兩者之間，到底有什麼不同的差異呢？

其實，兩者的差異在於訊號標示的位置不一樣。this bar 會標示在收盤價的位置；next bar 會標示在下一根 K 棒 open（開盤價）的位置。如果策略有用日線的週期圖表，實際進場的時間，應該都是下一根 K 棒開盤價的位置才對，這時候語法引發的錯誤就會很明顯，回測績效與實際績效也會有差，一般都建議用 next bar 語法比較好。

陷阱 3》過度最佳化

新手開始寫策略，免不了會使用最佳化，一看到績效會變好，就想把每個參數都拿去最佳化。而參數最佳化的步驟，是使用程式交易者一定要學習與經歷的過程，不過，參數最佳化不是不能使用，就怕初學者用了過多的參數條件，導致條件的發生過於嚴苛，只能用於歷史資料的模擬，實際上線後反而成為災難。如何在用與不用之間取得平衡，就需要看個人的經驗了。

陷阱 4》set 系列停損停利

set 系列語法看似方便，而且不只有 Multicharts 在使用，一些程式交易語言都有這個函數。它不是不能用，只是要謹慎以對，因為 set 系列語法會在當根 K 棒出場。我們策略進場的這根 K 棒，有時候會因為行情太大而變得非常長，長到直接觸發停損或停利，但是，究竟是先停利還是先停損，在歷史回測時，如果沒有用細部回測，將難以看到誰先誰後。

而細部回測的前提是需要有蒐集 tick 資料，但是 tick 資料非常龐大，如果自己平時沒有蒐集的話，通常也很難找到，雖然影響不會真的大到非常誇張，但是，績效是積沙成塔的，長期下來影響會非常可觀。如果使用者要完全解決的話，也可以都使用非 set 系列的語法出場為主。

以上這 4 個陷阱是程式交易初學者比較常見的問題，尤其手續費或滑價問題最嚴重，因為當沖策略進出次數頻繁，都會影響獲利的計算，希望初學者看了本書，能夠知道如何避開。

程式交易勝率
真的比較高嗎？

在一些基礎程式交易的分享課程時，有一個大家一定會問到的問題，就是「程式交易的勝率有多高？如果勝率不高為什麼要用程式交易呢？」沒有接觸過程式交易的人，腦袋裡面一定有這些疑問，而我的回答是：「程式交易的世界裡，勝率並不是主要的因素！」因為投資人會問到勝率的問題，代表投資人還沒有跳脫散戶找「交易聖杯」的思維模式。

程式交易好處是讓大賠的單變成小賠

每位投資人都想找到勝利方程式，但是，現實的生活不會有「聖杯」，KD 指標黃金交叉不見得股價真的會漲，而現實的程式交易中，勝率也

並沒有很高，有些績效不錯的策略，觀察年均或月均勝率，會發現比重往往不到 50%，也就是說，丟銅板賭人頭的機率搞不好還更高。其實，不管是不是使用程式交易，每次進場投資都會發生 4 種結果，分別是：大賠、小賠、大賺與小賺。

結果1》大賠

　　程式交易能在盤勢不對的時候，會主動採取停損，就算投資人沒有寫停損的策略，起碼也會多空對翻，因此通常只會有小賠的結果，很難真的碰到大賠的情況，常見的 MDD（最大策略虧損）通常都是連續做錯方向而導致的結果。

結果2與結果3》小賺或小賠

　　小賺或小賠都算是常態，也許 100 筆的交易，有 80 筆都是小賺或小賠，這些小賺或小賠的績效大致能打平。如果投資人只為了找高勝率的進場點，反而犧牲更多有利的進場機會，或因此而過度最佳化，那就得不償失了。

結果4》大賺

在滿足出場條件前，獲利的部位能抱多久就抱多久，這是高手操盤績效能贏過散戶的主要原因，只是散戶的紀律不足，因此常常提前出場。不過，程式交易是由程式判斷進出點，在滿足出場點之前，投資人的單都有程式來保護，既然大賠會變成小賠，而小賠會跟小賺互相抵銷，那我們剩下來的只會是大賺的情況。

與其重視勝率，程式交易更看重「風險報酬比」

圖 1 是我寫的其中一個當沖策略，讀者可以看到，淨值曲線大致是往右上方 45 度角前進，屬於一個賺錢策略，但是單看勝率的話，其實連 50% 都不到，最高的 1 年才 48% 而已。程式交易的勝率並非首要參考指標，淨利與 MDD 相除的「風險報酬比」才應該是投資人要關心的。如果勝率高但是績效虧損，其實沒有意義。

而圖 2 是我隨手寫的超高勝率策略範例，其基本邏輯如下：時間超過了 9 點 1 分，如果是紅 K 棒就進多單，如果是黑 K 就進空單，賺 12 點就出場，停損 30 點，13 點全部平倉，每天只會進場 1 次。這樣的策略，會產生怎樣的績效呢？

圖1 雖然勝率不到5成，但是每年都呈現獲利狀態
——低勝率但高報酬率交易策略

◎平倉權益曲線

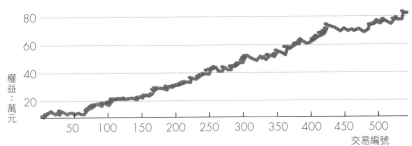

權益：萬元

◎年週期分析

期間	獲利		毛利（元）	毛損（元）	交易次數	勝率（%）
	金額（元）	報酬率（%）				
2011	17,000	17.00	199,000	-182,000	70	40.00
2012	100,600	85.98	233,000	-132,400	65	47.69
2013	91,800	42.19	228,000	-136,200	70	48.57
2014	107,400	34.71	272,200	-164,800	77	45.45
2015	98,200	23.56	312,800	-214,600	80	38.75
2016	179,200	34.80	370,600	-191,400	81	41.98
2017	93,800	13.51	261,000	-167,200	84	48.81
2018	36,600	4.64	85,400	-48,800	17	35.29

資料來源：凱衛資訊 Multicharts 軟體

圖2 盲目追求高勝率的結果，反而讓獲利連年虧損
——高勝率但低報酬率交易策略

◎平倉權益曲線

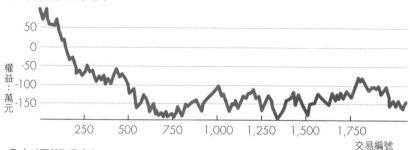

◎年週期分析

期間	獲利		毛利（元）	毛損（元）	交易次數	勝率（%）
	金額（元）	報酬率（%）				
2011	-170,200	-170.20	376,600	-546,800	247	62.35
2012	-31,200	-44.44	424,600	-455,800	250	68.80
2013	-80,800	-79.68	385,400	-466,200	246	65.45
2014	64,200	35.24	426,800	-362,600	248	71.77
2015	-31,200	-26.44	414,400	-445,600	244	69.26
2016	-9,000	-6.03	417,800	-426,800	244	70.08
2017	38,000	24.02	421,600	-383,600	246	71.14
2018	-19,600	-16.31	423,000	-442,600	247	69.64

資料來源：凱衛資訊 Multicharts 軟體

　　圖 2 這種 70% 左右的高勝率，符合散戶的期望，因為每天的目標只有賺 10 點而已，但是，這種勝率與績效你會想要使用嗎？勝率與績效能夠兩全其美當然最好，但如果兩者只能取其一，你會選擇勝率還是選擇賺錢呢？投資人千萬別為了追求高勝率而落入虧損的下場了。

⓵-⑤什麼是多策略？

在交易期貨時，要做的不外乎是買進、賣出，厲害一點的投資人，還可以做到加碼、減碼，除非今天有交易其他商品，例如：台指期、A50期貨、輕原油等等，讓績效報表因為不同商品類別而能夠明顯區分，不然都只能算是單策略的範疇而已。但是，使用 Multicharts 來交易的投資人，跟一般投資人最大不一樣的地方在於，我們可以使用多策略來交易。

不同策略應付不同盤勢，才能幫部位買保險

什麼是多策略呢？投資人可以想像成你開了一家投資公司，並且僱用了 4 位操盤高手（A、B、C、D），每位高手在進出場的時機、邏輯、

點位都不盡相同，但是都有完整的履歷表，讓你心甘情願僱用他們。操盤高手們都使用公司的資金，而帳務能完整對起來的時間，以台指期來說，會是在每個月第 3 個星期三（結算日），而他們的策略如下：

A》突破策略：開高做多、開低做空，9 點之後進場。

B》RSI 順勢策略：RSI 大於 75 做空、RSI 小於 25 做空。

C》CDP 逆勢策略：碰到最上緣的 AH 線反手做空、碰到最下緣的 AL 線則反手做多。

D》隔日沖策略：觀察 13 點至 13 點 25 分的走勢再決定做多或做空。

而今天剛好是結算日後的第一個交易日（星期四），因此你一開始是空手。一開盤 A 進場做多（留倉部位＋1）；9 點 25 分時，B 進場做多（留倉部位＋2）；9 點 45 分，C 進場做空（留倉部位＋1）；11 點 25 分，C 空單平倉（留倉部位＋2）；13 點，A 策略平倉出場（留倉部位＋1）；13 點 25 分，D 進場做空（留倉部位為 0）。

13 點 45 分收盤後，你開始檢查部位，發現手上完全沒有單，但實際上卻是 B 策略有 1 口多單，D 策略有 1 口空單。雖然因為 B、D 策略相

互抵銷導致你手上沒有部位，但是，B、D 都有充足的做多與做空的理由。

　　至於為什麼要用多策略呢？因為沒有任何一個策略能應付所有的盤勢，因此，同時擁有多個「由不同邏輯」所寫成的策略是必要的。因為邏輯不同，所以通常在同一個時間點不會只有多單或空單，這麼做在面對突然的利多或利空，才不會全部陣亡。

多策略可交易多商品，因此不會出現績效抵銷

　　也許有人會說，期貨的規則是可以做多跟做空，但是只要一買一賣的話，多空就會互相抵銷，這樣不就沒有任何意義了？如果是以人工單的思維來看，確實如此，不過，如果是以多策略的思維來看，視野會變得完全不一樣。

　　多策略之所以會讓程式交易新手感到困惑，就在你以為交易的是同一種商品，其實你可以想像成今天 A、B、C、D 等 4 種不同策略，交易的都是不同商品：A 下的是台指期、B 下的是 A50 期貨、C 下的是香港恒生指數、D 下的是日經 225 指數。想像成多策略等於多商品，那麼多空

互抵的情況當然就不會發生，別忘了 A、B、C、D 策略都是使用同一個帳戶，因此績效會是共通的。

曾經有一位我的客戶在初接觸程式交易多策略時，為了保險起見，開了 5 個帳號，他開戶的時候寫開戶文件寫得非常累，開戶同事也很累，我也被白了很多眼。一開始 5 個帳號分別入金 6 萬元做單，3 個月後客戶自己體會了多策略的真諦，交易時就只使用 2 個帳號，A 帳號單純讓程式交易自動下單、B 帳號則是自己手癢想要下單時使用。

各位程式交易的朋友，只要你的資金足夠，歡迎使用多策略來交易，跟手單的單策略相比，你將會發現另外一個新世界。

1-6 需要買專業版的 Multicharts嗎？

在開辦過的上百場講座中，聽眾常會提出一個問題，「Multicharts 需要購買專業版嗎？」面對類似的問題，我特別製作了表1，讓初學者可以馬上了解「券商版」與「專業版」的不同，並且針對比較容易誤會的地方進行解說：

項目1》可開視窗限制

通常１張圖表只會掛１個策略來使用，如果掛２個以上的策略，會造成策略間互搶的情況，也就是說，通常券商版最多只能同時開啟 10 個策略。而專業版則沒有視窗限制，只要你的電腦跑得動，你想開幾個視窗就開幾個視窗。

表1 **專業版Multicharts可同時回測多個策略**
──券商版與專業版差異

項目	券商版	專業版
商品報價	○	○
程式撰寫	○	○
策略績效報告	○	○
可開視窗限制	10	無限制
最佳化次數	9,999	無限制
呼叫動態資料庫（DLL）	X	○
多策略回測	X	○

資料來源：凱衛資訊 Multicharts 軟體

項目2》最佳化次數

只要有參數就能夠做最佳化，Multicharts 這個軟體最棒的地方，就在於能運用歷史資料來做參數的最佳化，而且允許同時使用不同的多參數來做最佳化，但是，券商版的運算不能超過 9,999 次。

項目3》呼叫動態資料庫

有些程式高手會詢問，能不能自己串接資料庫，或串接 DLL（呼叫動態資料庫）檔，這方面券商版的預設是鎖住的，而我的功力也有限，無意去挑戰這個領域。程式高手可以自己用專業版來試看看。

項目4》多策略回測

這邊是指專業版的特殊功能「Portfolio Trader」，這可以將多個策略同時進行回測，如果你需要檢視策略組的相關性，或多個策略總績效曲線，那就一定要使用專業版才行。

小資族若資金有限，券商版功能也夠用

如果你能夠上線的策略夠多，或資金部位夠大，使用全功能的專業版當然比較好；如果你是資金不夠的小資族，其實跟券商付費租用券商版也很夠用了，目前群益、元大、統一、康和、華南等期貨商都有券商版 Multicharts，有興趣的投資人可以自己洽詢各期貨商。交易的目的都是希望獲利，請視自身的資金與可用策略的數量，再來決定是否購買專業版吧。

為什麼Multicharts 不適合交易選擇權？

1-7

使用 Multicharts 的朋友，應該都是交易期貨的投資人，而各位是否有個疑問，那就是為什麼只有聽到用 Multicharts 來交易期貨，沒有聽過用它來交易選擇權呢？其實這跟 Multicharts 的特性有很大的關係，因為它是一套以圖表為主體的程式交易語言。

選擇權的歷史資料有限，難以用程式交易回測

Multicharts 這套軟體的優勢是，運用圖表上 K 線圖的走勢，來進行分析與判斷，雖然期貨有到期結算的特性，但是，大致上時間與價格的座標都可以連接起來。不過，選擇權就不同，選擇權常常採用 T 字報價法

圖1 選擇權屬「T字」報價，每檔履約價都是一個商品
——選擇權的報價模式

商品	買價	賣價	成交價	漲跌	漲幅	成交量	開盤	最高	最低	價差	參考價	未平倉	時間
台指期現貨	--	--	--	0.00	0.00	--	--	--	--	--	11027.64	--	--
台指期近一	11002.00	11003.00	11003.00	-6.00	-0.05	2848	11005.00	11007.00	10996.00	-24.64	11009.00	97430	15:58:07
台指期近二	10993.00	10996.00	10991.00	-9.00	-0.08	21	10999.00	10999.00	10989.00	-36.64	11000.00	6016	15:38:44
金融期現貨	--	--	1255.23	3.76	0.30	--	1252.49	1256.75	1252.47	0.00	1251.47	--	13:33:25
金融期近一	1254.60	1255.40	1255.40	3.00	0.24	1640	1253.40	1256.80	1251.60	0.17	1252.40	2713	13:44:55
金融期近二	1252.00	1253.60	1253.00	2.20	0.18	14	1253.60	1253.60	1250.00	-2.23	1250.80	129	13:42:06
電子期現貨	--	--	--	0.00	0.00	--	--	--	--	--	459.45	--	--
電子期近一	458.45	458.60	458.65	-0.20	-0.04	67	458.85	459.00	458.30	-0.80	458.85	3220	15:54:59
電子期近二	457.90	458.55	458.50	-0.15	-0.03	1	458.50	458.50	458.50	-0.95	458.65	61	15:04:24
小型台指現貨	--	--	--	0.00	0.00	--	--	--	--	--	11027.64	--	--
小型台指近一	11002.00	11003.00	11002.00	-7.00	-0.06	3057	11006.00	11008.00	10996.00	-25.64	11009.00	30739	15:58:10

資料來源：Yahoo! 奇摩股市

呈現，因為每一檔履約價都是一個商品，假如是從價平往上下延伸5檔，可能一個頁面 call（買權）＋ put（賣權）就有20檔商品（詳見圖1）。也就是說，如果要用 Multicharts 來交易選擇權，會有以下幾個不方便的地方：

1. 歷史資料不夠長，不能回測。

2. 要開非常多張的圖表來應對各檔商品。

3. 不能下複式單。

4. 價外選擇權會隨著時間接近到期日，價值也會慢慢歸零。

5. 選擇權報價會隨著價格變動而變化。

總之，使用 Multicharts 來交易選擇權，可以說是困難重重，之前有客戶好不容易設定好，但是只下了 2 個月就放棄，因為限制實在太多了，最後還是回歸原樣，用手單操作選擇權，有想用程式交易來投資選擇權的朋友還請多多留意。

第 2 章

從程式安裝到
基礎操作

2-1 安裝Multicharts前 須配備的電腦規格

　　Multicharts 這套軟體必須要安裝在電腦上,而電腦必備的規格有哪些呢?我們可以從 3 大面向來看。

面向1》CPU

　　Multicharts 的功能裡,最棒的一項就是可以針對參數來做最佳化運算,這項功能需要用電腦的 CPU。而什麼是最佳化呢?例如:RSI 指標預設參數是使用 14 根 K 棒來做運算,這邊的 14 就是參數,最佳化就是可以自己定義運算區間與運算遞增(遞減)值。

　　如果 CPU 的規格愈高,運算的速度就愈快。至於多少的規格才算夠

呢？其實現在的電腦都很不錯，不過，我建議 CPU 基本要有 Intel core i5 以上會比較好，在執行最佳化的時候，才不至於慢到想哭。

面向2》記憶體（RAM）

在 Multicharts 中，RAM 的主要功能是支援開啟圖表裡的 K 棒數量，至少要 8G 才能跑得比較順，如果有 16G 以上當然更好。投資人在使用券商提供的看盤軟體時，應該都會發現，券商版所提供的 K 棒數量其實都不多，為什麼只能開這麼少的數量呢？因為券商為了能讓一般大眾的電腦都能流暢地使用，所以把最需要吃資源的圖表資料做了限制。

大家可以想像一下，如果有人用 1 分 K 線來檢視近 10 年的歐元線圖，以 1 天 23 小時計算，假設每年有 200 個交易日，10 年的歐元線圖至少就有 276 萬根的 K 棒，這對電腦的負擔可想而知。而這只是 1 張圖表而已，如果你今天開了 6 個策略，每張都是 1 分 K 線，那 Multicharts 需要用的 RAM 肯定會更多。

面向3》網路

Multicharts 如果只是要做一般的回測或開發的話，網路連線等級普通

一些也沒關係，只要能連上網都 OK。不過，如果你是要下單的話，連線品質就很重要，強烈建議要串接下單的朋友，一定要使用有線網路，因為無線網路的穩定度，實在難以讓人打包票。

如果要下單交易的話，由於下出去的單，用的都是自己的真金白銀，因此要對自己的資金部位負責任。我面對每位客戶，只要看到或聽到是使用筆電，一定會建議「要使用插線的實體網路。」

切勿一味追求電腦規格而忽略交易策略

至於顯示卡就沒有規格的限制，拿去挖礦或玩遊戲、看影片就好。雖然 SSD（固態硬碟）可以加快 Multicharts 的開圖速度，但是沒有絕對的必要性，使用一般的 HDD（傳統硬碟）其實也可以。至於其他更高規格的配備，都能加快軟體或運算最佳化的順暢程度，但是絕非必要，端看使用者個人的經濟能力。

另外，由於我在券商工作，公司配給的電腦，絕對不會是自營部或 VIP 室等級的高規格電腦，通常都是一般的商務用電腦，可能開 2 個看盤軟

體就開始卡卡的。我甚至遇過，只要開 2 張圖就直接當機的狀況，因此，本篇的最低規格與配備，都是自身的使用經驗。

隨著科技的進步，電腦規格一定會跟著進階，甚至要有多高級就有多高級。我認識一些資金部位夠大的朋友，對於這方面的投資可不手軟，畢竟如果只有 3 ～ 5 個策略，使用家裡的 PC 來執行說不定也夠用，不過，如果策略超過 10 個，甚至還有海外期貨，資金部位可能超過數百萬元以上的朋友，該投資的設備，就一定要準備。

不過，程式交易的重點，畢竟還是策略，各位使用者千萬不要本末倒置，過度追求硬體效能，卻忘記策略才是一切的根源。

2-2 如何安裝Multicharts？

Multicharts 這套軟體從開始安裝，就有許多需要注意的地方，雖然券商版與專業版會有差異，但是，大致來說仍然是大同小異，如果是使用券商版的投資人，請自行與所屬券商洽詢租用，券商這邊會有專屬網頁提供下載。而專業版也是一樣，Multicharts 的台灣官網也有下載區，請先全部下載好再進行安裝（下載方式詳見圖解教學）。

注意 6 事項，避免執行時出錯

不過，在安裝軟體的時候，使用者要特別注意的地方在於，一定要全程都以「系統管理員的身分」來進行，因為許多的小錯誤都是從安裝時

就出問題，以下是安裝時一定要注意的地方：

注意1》安裝順序

使用者在安裝 Multicharts 時一定要按照以下順序：1. 主程式→ 2. 數據源（行情元件）→ 3. 下單元件→ 4. 歷史資料包。歷史資料包的部分，如果你只有要看國內的行情，安裝國內的資料包就可以，國外行情無論是券商版或專業版都需要另外付費（2018.03.01 開始），而且資料包的檔案非常地大，建議有需要看國外行情的使用者才安裝。

注意2》安裝位置

安裝 Multicharts 的時候，盡量不要變動預設的資料夾（預設在 C 槽），因為一些安裝的元件會接觸到 Windows 的一些金鑰，真的有碰到的話，很容易出問題。

注意3》安裝容量

如果使用者要安裝 10 年歷史資料包的話，因為檔案容量過大，而且還要考量未來繼續接收資料的前置量，雖然資料只是以文字的形式儲存，但是數量只要累積到一定的程度，還是非常占空間，所以建議最好預留

20G ～ 30G 以上的空間比較好。另外，Multicharts 是安裝在 C 槽，而 C 槽本身就放了許多與電腦運作相關的重要檔案，因此還是多預留一些空間比較好。

注意4》歷史資料包

國內資料包，因為版本經過歷代的更新，所以資料量愈來愈多。國內資料包中，台指期大約從 1998 年 7 月開始、加權指數大約從 2006 年開始，而國外資料包中，有要交易或研究國外期貨的使用者才需要下載，而資料量許多都有 10 年以上，不過，因為各個時間長短不一，所以最準確的數字，還是要請各位使用者自行檢視才正確。

注意5》以系統管理員身分執行

安裝好軟體之後，使用者會看到桌面上多了幾個檔案，請在這幾個檔案上，按下滑鼠右鍵→「內容」→「相容性」，並且勾選「以系統管理員的身分執行程式」。

由於 Multicharts 這套軟體非常細緻，為了將來的流暢性與方便性著想，請使用者一定要執行這個步驟，以免未來發生一些「神祕現象」。我曾

經發生過新增的歷史資料莫名其妙消失、剛編譯好的新策略，要用的時候找不到，因此，這個可怕的地雷千萬不要踩。

注意6》更新與重灌

如果想要更新、重灌的人，請謹記以下 3 個步驟：1. 備份（自己寫的程式碼、自己特殊蒐集到的歷史資料）、2. 進控制台移除、3. 以系統管理員身分安裝，這樣做應該都可以順利更新或重灌 Multicharts。

圖解教學》安裝Multicharts

步驟 1 進入凱衛資訊首頁（www.multicharts.com.tw），點選上方❶「會員專區」→❷「軟體下載」。

接續下頁

步驟 2 進入下個畫面後，請依序下載❶「MultiCharts 中文版」、❷「凱衛行情接口」、❸「凱衛下單接口」，以及❹「歷史行情資料庫」就可以了。

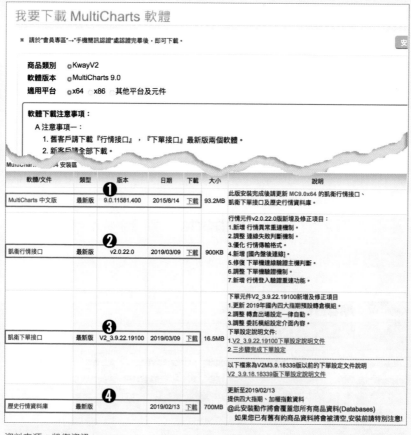

資料來源：凱衛資訊

② 開啟第1張圖表

當安裝好了 Multicharts 之後，第一步到底要做什麼呢？我建議從「打開第一張圖表」開始，方式如下：

首先，打開 Multicharts 軟體，點選上方工具列❶「檔案」→❷「圖表視窗」。

接著，就會看到「設定商品」對話框，先點到❶「商品」，在數據源選擇❷「KWAY64V2」，在所有商品找到❸「TXF1（台指期）」。

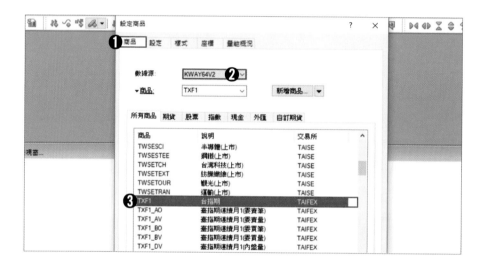

在按下確定前，使用者可以先點選「設定商品」對話框下面的❶「設定」標籤頁，有幾個地方必須先說明一下。

重點1》週期

　　有別於一般的看盤軟體都已經設定好了，Multicharts 允許使用者自己定義 K 棒的週期，這樣我們就能發展出特殊週期策略，例如：9 分線、13 分線等。由於 Multicharts 所收的數據，分為 tick、分鐘、日等這 3 種格式，因此能根據使用者需要的週期來開啟 K 線圖。但是，建議各位使用者，盡量使用「分鐘」或「日」就好，不要隨便測其他的選項，分鐘以上的部分，例如 tick、口、點、變動、秒等，使用難度較高，不建議新手使用。

重點2》交易時段

　　每一種商品都有自己的交易時段，預設是全部開啟，但是，如果我們只希望看特定的時段，要如何操作呢？以台指期而言，自從 2017 年 5 月 15 日開始，盤後盤就正式上線，盤後盤的用意是讓台指期接軌國際市場，避免了以往常見的跳空缺口風險。

　　不過，使用程式交易的朋友，一定要面對交易量的問題，避免切入沒有成交量的商品，進而造成流動性風險。我目前仍然傾向不看盤後盤，當成跳空缺口就好（以前的策略都把跳空缺口考量進去，貿然改變也很

怪）。預設其實有一些時段可以選擇，都不選的話（標準）就是全開。以台指期而言，使用者可以依據自己的需求來開適合的圖。由於開圖也會影響各種指標的運算呈現，因此開圖也要特別留心才行。

交易時段	説明
TXF、MXF、TXO、UDF、SPF+1 Session	PM 盤
TXF、MXF、TXO、UDF、SPF Session New	AM盤＋PM盤全開
TXF、MXF、TXO、UDF、SPF Session Original	原始的AM盤

重點3》資料區間

Multicharts 允許使用者開啟自己想要的資料區間，你有多少的資料就能開啟多長的區間，喜歡的話也可以打開 10 年的小道瓊 1 分鐘 K 線圖的資料。但是，如同我在 2-1 所提的，這邊的數據量會與電腦 RAM 的大小息息相關，最好依據自己的使用需求與硬體配備而定。

重點4》圖表格式

在同一個「設定商品」對話框中，點選❶「樣式」，在❷「圖表類型」裡你可以使用如美國線、蠟燭線等圖形，不過，多數的投資人通常會使用蠟燭線或空心蠟燭線。另外，你可以自己定義開圖的❸「圖表樣式」，

多數朋友習慣使用紅買綠賣的K棒來呈現。設定完成後記得勾選「設成預設值」，如此一來以後就不用每次開圖都要調整了。

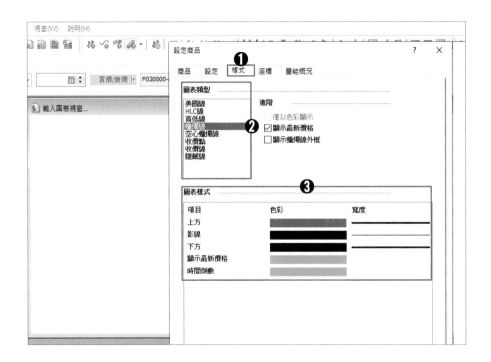

按下「確定」後，第一張圖就順利開啟了，使用者可以將滑鼠移動到圖表❶最上面的圖表說明區、❷最右邊的價格軸與❸最下面的時間軸，點選「滑鼠右鍵」後就可以進行設定。

　　另外，使用者還可以自行開啟「設定視窗」對話框，並且從上方各類別的❶標籤頁中進行設定，此處只是一般設定，例如：改背景，找到換日分隔線或改顏色等等，各位使用者就自己摸索吧。

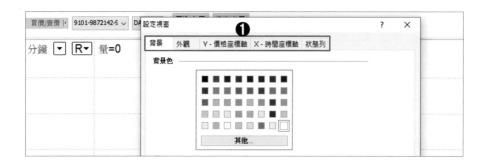

2-4 如何新增指標？

使用者打開圖之後，一定會覺得少了些什麼，因為平常看券商的技術線圖時，都會有一些技術指標，例如：成交量、KD 指標、均線等指標，但是，Multicharts 因為功能太多，而且考量到每位使用者對技術分析的看法不一，所以乾脆就回歸成一張白紙，讓大家想加什麼就加什麼，至於使用者要如何把指標叫出來，請見下方流程：

指標得用英文檢索，自創的指標也無法中文化

首先，打開 Multicharts 軟體，在畫面上按「滑鼠右鍵」，選擇❶「新增指標」，並且選擇想要使用的指標。指標名稱基本上是以英文名稱呈

現，使用者只要在鍵盤上按下想要查詢的英文字母，就可以快速地索引到，例如：使用者想選擇❷成交量（volume），只要按英文字母「v」就可以找到了。

不過，這個地方要特別注意，那就是指標名稱不能寫中文，就算是我們自己編寫的新指標，也沒有辦法打中文出來。

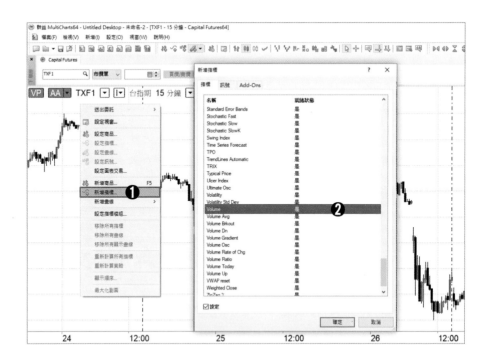

另外，如果使用者想要設定指標的參數，其實也可以在這邊完成，因為有一些指標，例如：RSI、KD 指標，會有所謂的超買值與超賣值，或是均線指標 Mov Avg 1 line 要設定均線的參考值，諸如此類的指標都有使用方法，只要在❶「數值」這邊點選就能調整。

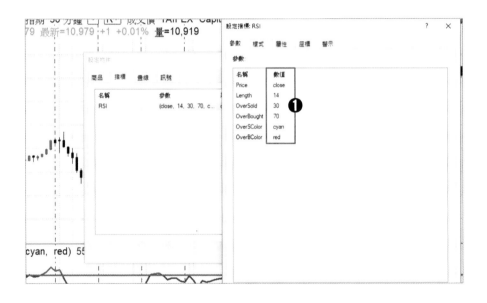

使用者所叫出來的指標還可以修正放置的位置，例如：原本放在底部的指標，只要對指標點選「滑鼠左鍵」，就會出現可以拖曳的❶黑點，就能方便使用者調整位置，甚至跟主圖重疊也可以。

　　指標的使用非常重要，尤其是對初學者來說，如果直接寫策略，沒有任何輔助的線來呈現，會很難想像，強烈建議使用者先將策略做成指標，使用指標畫出看得到的線條，就能輔助你將所構思的策略更具體化，再從中調整出心目中想要的感覺，遠比腦袋空想策略更好，希望大家都能使用得更順手，進而想出更多好策略。

25 新增訊號完成下單交易

在 Multicharts 裡，指標的主要目的是用來看盤，使用者寫出來的程式碼，可以透過 plot 這個指令，把線畫在圖表上面。而訊號是用來下單，使用者寫出來的程式碼，可以透過 buy、sellshort、sell、buytocover 這幾個指令，把單子下出去。

所撰寫的指標與訊號，要編譯後才能使用

至於要如何新增訊號呢？其實方法跟新增指標一樣簡單，但要特別注意的是，在 PowerLanguage Editor 裡面所編寫的內容，無論函數、指標、訊號，都要經過編譯才能套入到圖表之中使用，而編譯的方法如下：

首先，在桌面上點選❶「MultiCharts64 PowerLanguage Editor」，
進入程式後，點選左上方❷「檔案」→❸「開新檔案」→❹「訊號」，
並且按下❺「確定」。此時系統會要求使用者幫新增的訊號命名，不過
只能輸入英文名稱。

接著，在中間對話框打入程式碼。此處我已經預先打好一段程式碼，使用者可以參考使用，下一步就可以點選❶「編譯」→❷「編譯 test（訊號）」。如果編譯成功，下方會出現❸「已成功編譯」。

下一步就是打開 Multicharts，在畫面中間按下「滑鼠右鍵」→❶「新增指標」→❷「訊號」，並且選擇剛剛編譯過的❸「test」，再按下❹「確定」。此時系統會出現「設定物件」的對話框，如果有需要調整設定，可以點選❺「設定」，最後點選❻「Close」。

設定完成之後，就能看到買賣績效線，就代表你已經把訊號掛在商品的步驟成功了，接下來只要準備好下單機，就能開始自動交易了。

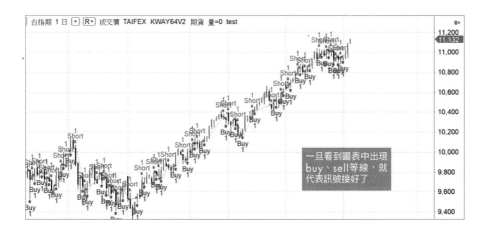

一旦看到圖表中出現 buy、sell 等線，就代表訊號接好了

　　至於訊號的設定，其實都很直覺就能調整，我就不多提了。原則上，
盡量 1 張圖表用 1 個訊號就好，會比較方便掌控策略的進出邏輯，如果
2 個以上的訊號放在同張圖表裡面，一旦邏輯不對，就會造成部位互搶，
經驗不足的使用者，很可能導致要調整策略的時候，無法對症下藥。

2-6 設定Multicharts下單機

要設定下單機其實一點都不難，只是步驟有點繁複，各位使用者在設定的時候，千萬切記每一步都不能忽略，應該就能成功，步驟如下：

首先，打開 Multicharts 軟體，點選上方工具列❶「設定」→❷「策略屬性」。

接著，開啟「策略屬性」對話框後在「屬性」標籤頁下，進行屬性的設定，包括❶「部位限制」、❷「委託數量」。

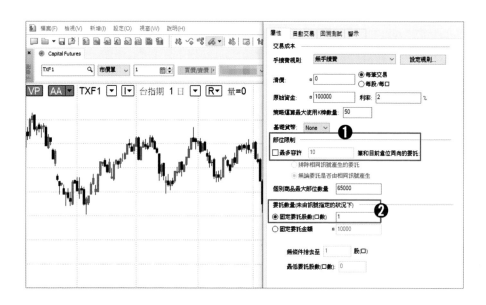

❶部位限制：

◎如果使用者不預設加碼的話，「最多容許 10 筆和目前倉位同向的委託」就不要打勾。

❷委託數量：

◎「固定委託股數（口數）」的預設都是下 1 口。

再者，進行自動交易設定，包括❶「自動交易設定」、❷「未成交委託單置換」、❸「即時行情取得」、❹「模式選擇」、❺「設定起始經紀商留倉部位」、❻「選擇下單經紀商」。

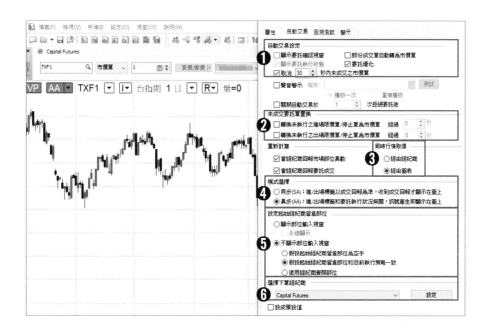

❶自動交易設定：

◎顯示委託確認視窗是類似看盤軟體的委託下單確認，不要打勾。

◎部分成交單自動轉為市價單，不要打勾。

◎委託優化，打勾。

◎取消 30 秒內未成交之市價單，不要打勾。

❷未成交委託單置換：

◎轉換未執行之進場限價單／停止單為市價單，不要打勾。

◎轉換未執行之出場限價單／停止單為市價單，不要打勾。

❸即時行情取得：

◎因為我們是要透過圖表來交易，因此務必要勾選經由圖表。

❹模式選擇：

◎同步（SA）代表現在開始成交的回報才會顯示，比較適合極短週期當沖交易者。

◎異步（AA）代表從以前到現在的情況全部都會呈現在圖表上，大多數的使用者勾選異步（AA）即可。

❺設定起始經紀商留倉部位：

◎顯示部位輸入視窗，代表每次開 AA 時都會跟使用者確認一次。

◎不顯示部位輸入視窗的「假設起始經紀商留倉部位和目前執行策略一致」，代表不會跟使用者確認，是由使用者自己手動補單，建議勾選。

❻選擇下單經紀商：

◎點選設定。

開啟對話框後，❶「模組名稱」的預設是空白，一定要使用者自己去選擇，此處我們選擇「專業版預設交易模組」。此處只能選擇模組，不能調整模組，如果要調整的話，必須從右下角的下單機調整。

另外，下單帳戶的預設值也是空白。如果使用者有在券商開戶，而且憑證也在電腦裡，此處就會顯示交易帳號，點選想要的❶「下單帳戶」。

下單機設定的步驟很複雜，也很容易會出錯，因此使用者應該盡量按照上面的流程為主，許多新手都會漏掉委託模組設定的步驟，因為預設是空白，所以設定完成後要勾「設成預設值」，以後就不用這麼麻煩了。

2-7 下單模組設定方法

在下單前，使用者一定要先設定下單機，但是，下單機裡面的交易模組，要怎樣才能設定完成呢？以下將帶使用者一探究竟。

首先，打開 Multicharts，並且點開右下方的❶箭頭，並且選擇❷ Multicharts 的 LOGO 圖→❸「委託參數設定」。

下單機偶爾會發生在右下角找不到的情況，可能是因為不是盤中，或者是 Multicharts 有點「秀逗」，如果使用者要強制叫出下單機，請點圖表視窗選畫面左上角 SA、AA 旁邊的下拉式選單，再選擇「策略屬性」，應該就會出現在右下角了。

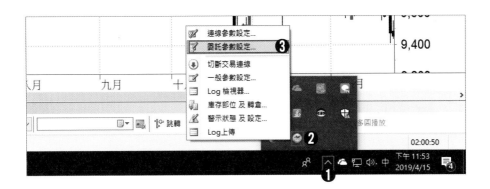

接著，開啟「委託參數設定」對話框，在「委託模組設定」標籤頁進行設定，包括❶「限價單執行方式」、❷「停止單執行方式」、❸「市價單執行方式」、❹「回報成交價」。只有交易國內期貨才能用「專業版預設交易模組」。

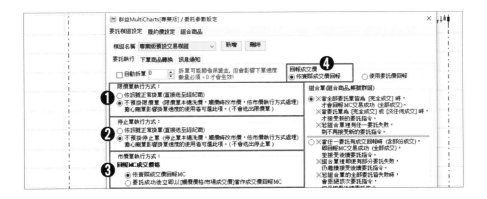

❶限價單執行方式

◎上面的選項會將委託單直接掛到交易所。

◎下面的選項是將委託單掛在 Multicharts，價格到再送市價單，建議選下面的選項。

❷停止單執行方式

◎上面的選項會將委託單直接掛到交易所。

◎下面的選項是將委託單掛在 Multicharts，價格到再送市價單，建議選下面的選項。

❸市價單執行方式

◎上面的選項會依實際成交價回報，建議打勾。

◎下面的選項會以委託價格回報。

◎以參考價的限價單代替市價單，依個人需求勾選。

◎未成交數量自動改為市價單（或刪單），依個人需求勾選。

❹回報成交價

依實際成交價回報，建議勾選。

如果是追求下單點位準確的投資人，Limit（限價單）、Stop（停止單）的設定可以選「依訊號正常掛單」，Multicharts 是真的會掛單出去，而

且，因為掛單在期交所，所以就算臨時停電或斷線，也依然會執行停損或停利。但是，我建議的設定是不要預掛比較好，主要是怕新手操作錯誤，當臨時需要關閉 Multicharts 時，已經送到交易所的單卻忘記取消，因此建議都不要預掛，價格到的時候下市價單就好。

另外，「下單商品轉換」標籤頁中，主要是看❶主圖商品代號、❷下單商品代號、❸下單商品種類、❹價格倍數、❺停止限價讓價點數、❻進出方式，而預設好的「專業版預設交易模組」內含台指期、小台指、電子期、金融期等，如果是交易國內期貨指數，用預設模組就夠了。

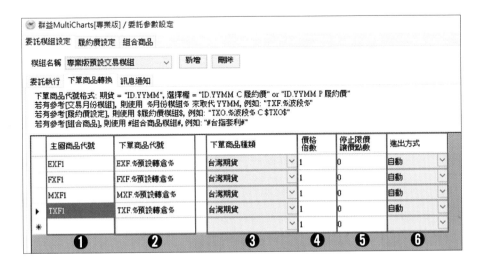

❶主圖商品代號：決定從主程式引用的商品名稱。

❷下單商品代號：決定要下單的商品，國內商品有提供特製的預設轉倉模組，也可以參照説明欄的使用方法，自行另外設定。

❸下單商品種類：依交易所交易不同，有不同的設定。

❹價格倍數：有些國外商品會需要調整倍數，不過，通常都不需要調整。

❺停止限價讓價點數：有些交易所的停止單，是停止限價單的形式，這邊可以決定要讓多少點。

❻進出方式：可以決定下單是使用當沖單或一般的自動單。

各國期交所委託單種類不同，下單前要先確認

要注意該交易所有無停止單，因為各國交易所的規定不同，例如台灣期交所沒有停損單，停止單就要選「不預掛」。另外，下單模組的設定，建議除了預設的大台指、小台指、金融期與電子期之外，其他的商品最好都要另外設定模組，因為交易所的不同，規範也會不同。以下我們將以 A50 期貨（商品代號為 CN）為範例，教投資人設定❶「模組名稱」、❷「下單價格」、❸「下單商品代號」與❹「下單商品種類」。

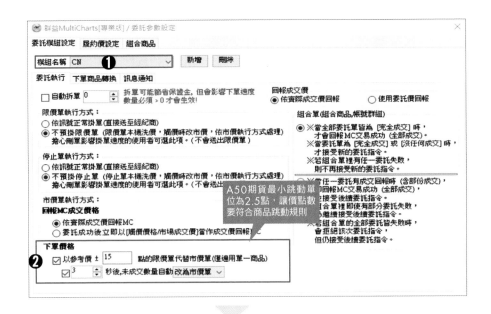

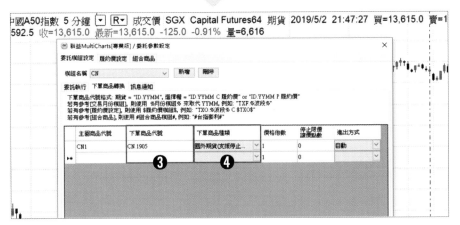

❶**模組名稱**：最好寫英文，常碰到寫中文而出現錯誤的使用者。

❷**下單價格**：A50 期貨每個 tick 是 2.5 點，因此市價的讓價必須寫正確，不然下單會錯誤。

❸**下單商品代號**：以 A50 期貨為例，要下 2019 年 5 月的 A50 期貨商品，就要填入「CN.1905」，由於海期商品全部沒有預設的轉倉，因此轉倉的時候，要記得注意下單商品的年份與月份，不然單子會下不出去。

❹**下單商品種類**：記得要看交易商品的交易所委託單規定，像是美盤商品支援停止限價單、歐盤商品支援停止市價單，投資人選擇的時候要特別留意。

2-8 加入手續費或滑價設定以免交易做白工

如果策略都設定好了，建議使用者要加入手續費或滑價設定，因為寫了策略就是為了賺錢，通常我們都不希望策略寫好之後，忘了考量到手續費而白做工，因此寧可先面對事實。

方法 1》手續費設定

不過，無論使用者的市價單是使用真正的市價，或用讓價式下單，都會遇到一個問題，就是實際的下單點位要等成交回報後才能知道，可能當我們看到 10,000 點要以市價買進時，結果實際成交在 9,999 點或 10,000 點或 10,001 點都有可能。因此建議使用者要設定手續費或滑

價。以台指期而言，單邊 2～3 tick，來回 5～6 tick，其實都很夠用了，
而設定方式如下：

　　首先，打開 Multicharts 主程式，點選上方工具列的❶「設定」→❷「策
略屬性」。

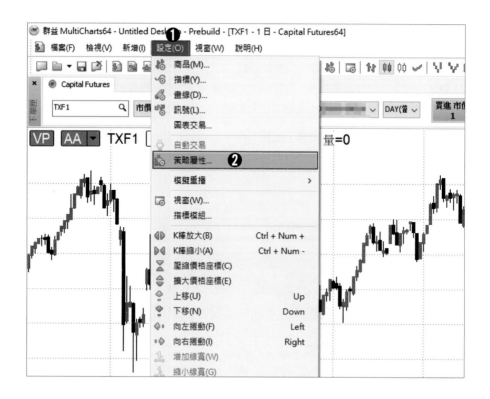

接著，開啟「策略屬性」對話框後，在「屬性」標籤頁下，選擇❶「設定規則」→❷「新規則」。

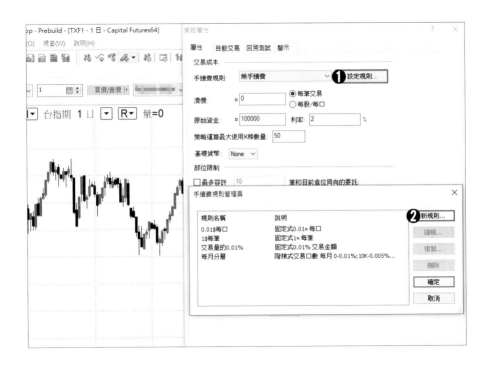

接下來，打開「階梯式手續費規則」對話框之後，在❶「規則名稱」輸入「手續費 500」，並且按下❷「確定」；然後，在「手續費規則管理員」對話框，選擇剛剛設定的❸「手續費 500」，同時按下❹「確定」。

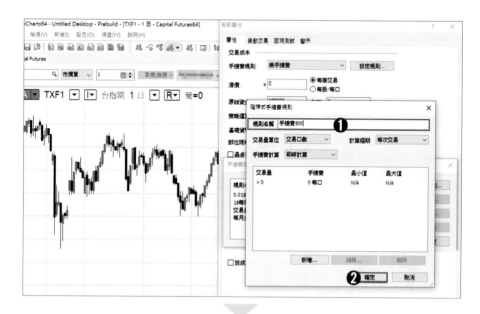

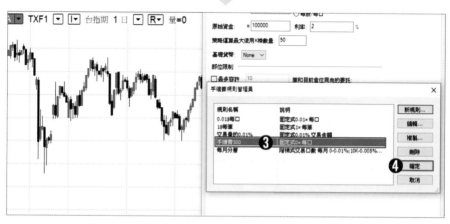

最後，在「手續費規則」旁的下拉式選單選擇❶「手續費 500」，並且按下❷「確定」。

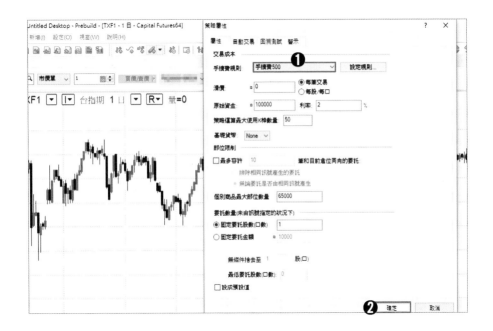

方法 2》滑價設定

設定方式與手續費雷同，「設定」→「策略屬性」→「屬性」。❶「滑價」的地方輸入想要的金額，使用者也可以設定原本的「500」。至於

滑價與手續費有何差別呢？其實兩者是一樣的，只要依據自己的使用習慣設定即可，像我比較喜歡填滑價而已。

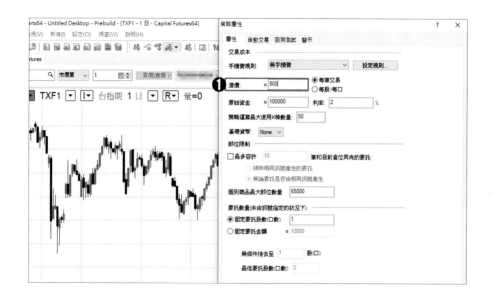

從圖 1 可以發現，台指期加入來回 500 元滑價之後，直接讓這個策略像是照了照妖鏡一樣的現形。

以前有些賣策略的老師，將績效圖放出來的時候並沒有設定滑價，導致策略看起來很漂亮。雖然這樣子的績效在波段時可能沒有差異，但是，

圖1 **加入手續費後，導致台指期的報酬由正轉負**
──有設定手續費vs.沒有設定手續費

◎沒設定手續費→績效驚人

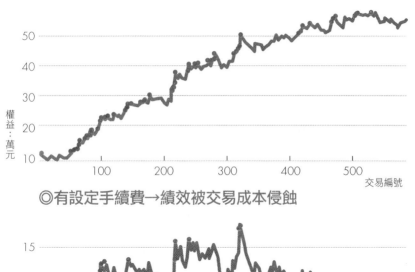

◎有設定手續費→績效被交易成本侵蝕

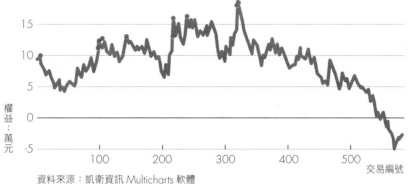

資料來源：凱衛資訊 Multicharts 軟體

當沖的話問題就大了，因為當沖的進出次數比波段頻繁很多，如果沒有設定手續費或滑價的策略，在實戰時很容易失真。

程式交易新手最容易碰到手續費陷阱

對程式交易一知半解的朋友，最容易碰到手續費的陷阱。我從 2013 年開始使用 Multicharts 至今，在一開始的自學階段，大約租了 2 年多的策略，很慶幸當初我租用的是波段策略，讓我有賺到一些錢；直到有次誤用了某個當沖快速進出的策略，短短 1 週竟然大賠數萬元，也讓我用新台幣認識了手續費與滑價的重要性，不會寫策略的朋友，租用或購買策略其實也不是不行，既方便又省事，不過手續費這個陷阱，可能會讓你莫名其妙地被當冤大頭。

在期貨市場裡，賠錢是很正常的事，因為策略並非「聖杯」，有賺錢一定也有賠錢，但是，扣掉應該有的風險後，如果忘了設定手續費，加上當沖過度進出，就會讓虧損變得很冤枉，希望各位朋友都能謹慎面對。

2-9 歷史資料的匯出與匯入

　　我們不會天生就有全部的資料，而且預設的歷史資料包有些部分也不完整。以券商版的 Multicharts 為例，有時因為資料庫的問題，導致原本能從伺服器讀到的歷史資料有缺漏；有時是本身沒有收錄或收錄不完全，例如：小日經、H 股。

　　在沒有歷史資料的情況下就直接開啟商品，如果時間開的不長的話，應該都還 OK，但是，如果開的是長週期的商品，可能會造成 Multicharts 卡住，並且一直處於連線中，此時就必須另外想方法來匯入資料才行。如果是從數據源新增的商品，預設是沒有資料的，例如 TXF_UV 等資料，必須從擁有者的手中取得或匯入才行。

　　匯入或匯出的方法其實都很簡單，但是第一次執行的使用者一定會有疑問，而匯入與匯出的方式主要有「文字檔匯出法」與「商品檔匯出法」2 種，以下就是具體操作步驟。

方法 1》文字檔匯出法（ASC II 法）

　　ASC II 法其實就是將資料變成文字檔來做匯入與匯出，使用者記得要選對週期與時間，這個方法能個別匯出 tick、分鐘、日的資料，實際使用時，通常用分鐘的資料就夠了。

　　最後存取的時候，還能直接選擇用 .txt、.asc 與 .csv 等 3 種格式。如果是一般 Multicharts 的使用者，通常用 .txt 檔就可以了，而某些數據庫軟體，也有支援使用 .asc 與 .csv 的格式。如果匯出的資料選擇 .csv 格式的話，還能打開成類似 Excel 的格式，使用時就很方便，各位使用者可以依照自己的需求選擇，具體步驟如下：

　　首先，打開 Multicharts64 QuoteManager，點選❶「電指期」，並且按下「滑鼠右鍵」，點選❷「匯出資料」→❸「ASC II」。

出現「ASC II 資料匯出」對話框後，選擇❶「週期」（此處以「分鐘」為例）與❷「欄位」（此處以「成交價」為例），同時選擇❸「開始日期」、❹「開始時間」、❺「結束日期」、❻「結束時間」，並且按下❼「確定」。而存檔格式用預設的 .txt 即可，最後按下❽「儲存」。

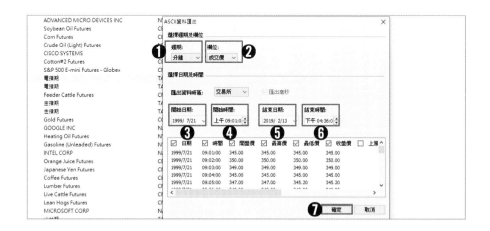

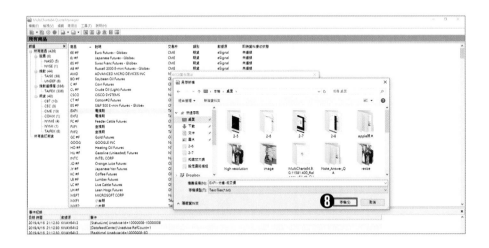

方法 2》商品檔匯出法（QMD 法）

QMD 法與 ASC Ⅱ 法截然不同，ASC Ⅱ 法只能匯出 tick、分鐘、日的其中一種格式，而且只有歷史資料而已，而 QMD 法不但可以匯出商品的全部資料，包括「tick ＋分鐘＋日」這 3 種的歷史資料，還包含商品的設定檔「商品的名字」、「數據源」、「交易時間」等全套的商品檔一次性地匯出。

QMD 法的使用時機，就好比你在某台電腦一直都有蒐集某種數據源，

另外一台電腦則拿來備份資料庫，平時不會去使用，那你就能用 QMD 法這個招式。如果使用者要一起匯出很多商品也可以，但是 QMD 法匯出時，會嚴重影響電腦效能，用的時候還請投資人多加留意。具體步驟如下：

首先，點選❶「電指期」，並且按下「滑鼠右鍵」→❷「匯出資料」→❸「匯出商品」。出現「匯出」對話框後，直接按❹「下一步」，如果勾選「僅匯出商品設定（不匯出資料）」的話，就只會匯出設定檔。

選擇要匯出的❶「週期」與❷「起始日期」、❸「起始時間」、❹「結束日期」、❺「結束時間」，並且按下❻「下一步」；接著，輸入「匯出檔案名稱」後，一直點選直到完成即可。

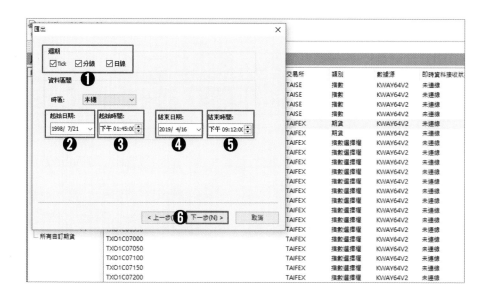

匯入歷史資料

匯入步驟很簡單，無論 ASC II 或 QMD，兩種方法都是選擇正確格式的歷史資料即可，唯一要注意的地方是，QMD 法無法像 ASC II 一樣，

可以另外選擇開始時間與結束時間，QMD 匯入會整個取代原有資料，
使用的時候請看實際情況使用。

2-10 開啟策略績效報告

　　在 Multicharts 的圖表裡掛上策略後，只要策略正確，就會跑出策略績效報告，不過，策略績效報告是一份非常龐大的資料，內含各式各樣不同的分析，因此，此處僅就重要的幾項提出介紹。

策略分析》

重點1》平倉權益曲線

　　平倉權益曲線在策略績效報告裡，雖然是在策略分析比較後面的部分，但是對我而言，卻是整份報告最重要的地方。因為開發策略的過程，常常都需要修修改改，如果能以最快的方法，檢視績效報告的地方一定就

是這裡。大致來說，只要績效持續往右上方 45 度前進，應該都是不會太差的策略了。

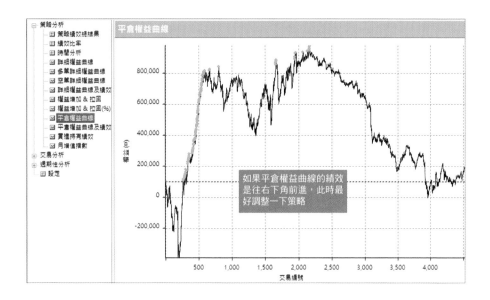

重點2》策略績效總結果

　　這是策略績效報告的最前面，裡面有許多績效報告的特有名詞，但是實話實說，我不會全部都看，這裡我最關心的地方，會是最大策略虧損（Max Drawdown,MDD），因為比起能獲利多少金額，我更在乎不要虧損。

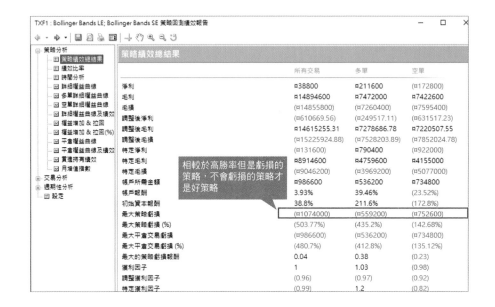

重點3》多單／空單詳細權益曲線

如果平倉權益曲線出現不好的感覺，但是又想要知道是不是因為多空策略失調的因素，就可以檢查看看多單／空單詳細權益曲線。由於大多數的策略會多空一起寫，因此也檢查多單／空單詳細權益曲線，常常會發現多單績效很不錯，但是空單績效卻很差的情況，雖然這也象徵著空頭的來臨是非理性的，不過，如果我們能補救的話，其實就可以從這邊找出一些蛛絲馬跡。

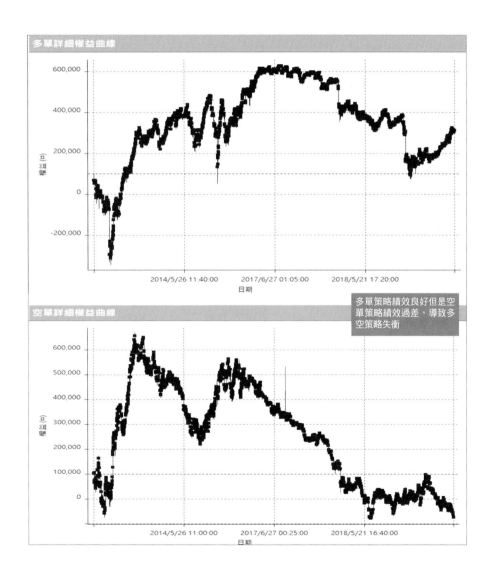

多單策略績效良好但是空
單策略績效過差，導致多
空策略失衡

交易分析》

重點1》交易序列分析

　　交易分析的地方，我平常不會特別去點開，但是，有時候也會心血來潮去看一下的是交易序列分析，因為這裡能看到最大可能連續虧損的交易次數，畢竟跟獲利比較起來，投資人都討厭虧損。

週期性分析》

重點1》月週期分析

　　月週期分析主要是看會不會有連續虧損的情況發生，我自己的交易習

慣是不希望看到連續 3 個月都出現虧損，如果發生的話，我一定會去修正，因為連 3 個月都虧損的話，任何人應該都難以承受。

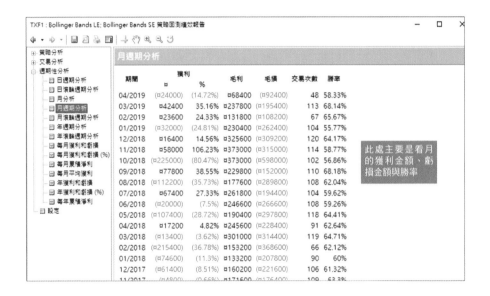

重點2》年週期分析

年週期分析主要是看年化交易的次數以及勝率，次數過多的話，通常會產生過度交易，一加入手續費或滑價就會爆掉。勝率的話也應該注意是否過低或過高，像是策略使用短停利會提高勝率，卻會因此減少獲利，這方面就需要多多使用才能提升經驗值了。

策略績效報告這邊的數據非常多，如果是學統計的朋友應該會找到更多有用的數據，可惜筆者比較在乎的項目，幾乎只有線圖有沒有往右上方（45%）前進，吃多少的 MDD（最大策略虧損），以及勝率不要太低等等，其他部分就請大家自己研究吧。

第 3 章

Multicharts
的應用與操作

3-1 如何從QM新增商品？

雖然 QuoteManager（簡稱 QM）有預設好的商品，但是，有些使用者可能會覺得不夠用，這個時候我們就需要自己新增商品，步驟如下：

首先，開啟 QM，點選在最上排的❶「商品」，選擇❷「新增商品」→❸「從數據源取得」→❹「KWAY64V2」（以自己的報價數據為主）。

　　接著，點選上面❶「期貨」標籤頁，在❷「商品源」輸入「CDF」，並且點選❸「CDF1（台積電期貨連續月1）」，此處以新增股票期貨商品為例，並且按下❹「新增」。至於股票期貨的代號，投資人可以上期交所的網站（www.taifex.com.tw/cht/5/sSFFSP）查詢。

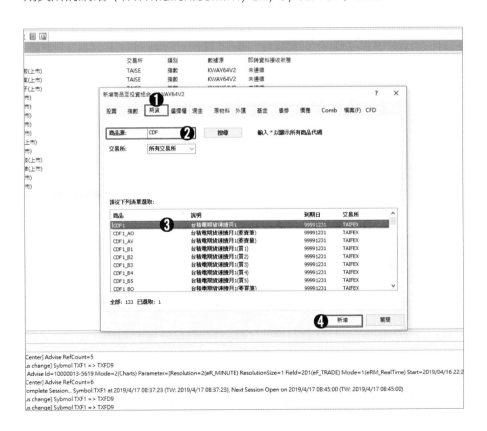

　　最後，回到主畫面後，選擇剛剛新增的❶「CDF1」，並且按下滑鼠右鍵，選擇❷「編輯商品」。出現「編輯商品」對話框後，選擇上面❸「設定」標籤頁，並且確定設定內容的選項有無錯誤，尤其要注意價格座標的部分，因為股票期貨會根據價格而調整最小跳動單位，因此，建議❹「價格座標」都改為「1/100」，最後按下❺「確定」。

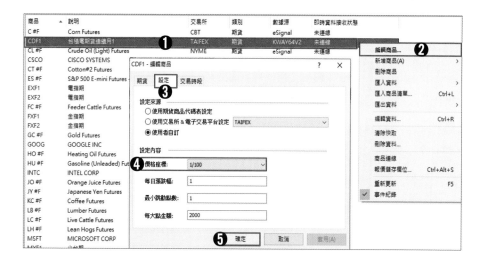

　　如果數據源沒看到的商品，就代表真的沒有提供。使用者最常問的問題是，有無提供各種現貨的資料，例如：摩台現貨、恒生現貨、道瓊現貨等，目前這些指數都只能透過 DDE 自己串接進去，但是 DDE 有穩定

度的問題，沒有開啟 Multicharts 的話就會收不到資料，因此少有實作的投資人。

資金足夠的投資人，建議另外找數據源廠商

如果使用專業版，而且資金比較充足的使用者，也許可以找資訊商另外購買數據源。國內容易接觸到的報價商有 2 家，分別是艾揚科技（TOUCHANCE）與兆毅資訊（eSignal）。

像是艾揚科技的報價，目前有支援到 Multicharts 12，如果使用國外英文原版的投資人就可以考慮。另外一家兆毅資訊，除了報價品質更好之外，它更號稱能串接幾乎全世界的交易所，連現貨報價也能看到（當然價格也更高），有需要的人，可以自行 Google 尋找廠商聯繫的方式。

新增好的商品，要記得去檢查商品的設定，包括交易時間、最小跳動，因為連預設的項目都有可能發生錯誤，更何況是新增的商品，各位使用者使用時要特別留意。

③-② 新增或刪除歷史資料

歷史資料的運用，是所有 Multicharts 使用者一定要學習的基本項目，在開始之前，我們先要找到歷史資料放在哪裡。

首先，打開 Multicharts64 QuoteManager 軟體，選擇「商品」（此處以❶「台指期」為例），並且按下「滑鼠右鍵」，點選❷「編輯資料」。

商品 ▲	說明	交易所	類別	數據源	即時資料接收狀態		
TXF1	台指期 ❶	TAIFEX	期貨	KWAY64V2	未連線	編輯商品...	
TXF2	台指期	TAIFEX	期貨	KWAY64V2	未連線	新增商品(A)	>
TXO1C06500		TAIFEX	指數選擇權	KWAY64V2	未連線	刪除商品	
TXO1C06550		TAIFEX	指數選擇權	KWAY64V2	未連線	匯入資料	>
TXO1C06600		TAIFEX	指數選擇權	KWAY64V2	未連線	匯入商品清單...	Ctrl+L
TXO1C06650		TAIFEX	指數選擇權	KWAY64V2	未連線	匯出資料	>
TXO1C06700		TAIFEX	指數選擇權	KWAY64V2	未連線		❷
TXO1C06750		TAIFEX	指數選擇權	KWAY64V2	未連線	編輯資料... ❷	Ctrl+R
TXO1C06800		TAIFEX	指數選擇權	KWAY64V2	未連線	清除快取	
TXO1C06850		TAIFEX	指數選擇權	KWAY64V2	未連線	刪除資料	
TXO1C06900		TAIFEX	指數選擇權	KWAY64V2	未連線		

　　開啟「資料編輯」對話框後，選擇❶「資料設定」與❷「資料區間」後，
選擇❸「讀取」，我們想要的資料就會出現在下方，最後按下❹「確定」。
使用者如果要做任何的新增、調整、刪除都是在這個頁面來操作。

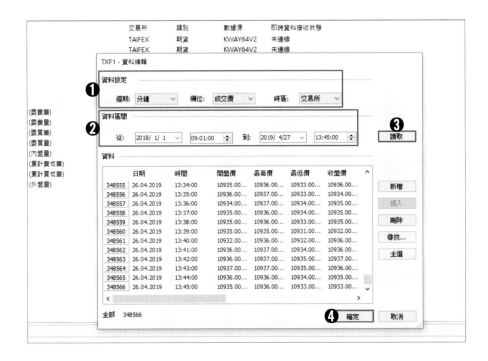

　　回到主畫面後，記得要清除快取，否則可能發生資料錯誤的狀況，方
式為點選❶「台指期」→❷「清除快取」。

商品	▲ 說明	交易所	類別	數據源	即時資料接收狀態
TWSESCI	半導體(上市)	TAISE	撮數	KWAY64V2	未連線
TWSESTEE	鋼鐵(上市)	TAISE	撮數	KWAY64V2	未連線
TWSETCH	台灣科技(上市)	TAISE	撮數	KWAY64V2	未連線
TWSETEXT	紡織纖維(上市)	TAISE	撮數	KWAY64V2	未連線
TWSETOUR	觀光(上市)	TAISE	撮數	KWAY64V2	未連線
TWSETRAN	運輸(上市)	TAISE	撮數	KWAY64V2	未連線
TXF1	台指期	TAIFEX	期貨	KWAY64V2	未連線
TXF2	台指期	TAIFEX	期貨	KWAY64V2	未連線
TXO1C06500		TAIFEX	撮數選擇權	KWAY64V2	未連線
TXO1C06550		TAIFEX	撮數選擇權	KWAY64V2	未連線
TXO1C06600		TAIFEX	撮數選擇權	KWAY64V2	未連線
TXO1C06650		TAIFEX	撮數選擇權	KWAY64V2	未連線
TXO1C06700		TAIFEX	撮數選擇權	KWAY64V2	未連線
TXO1C06750		TAIFEX	撮數選擇權	KWAY64V2	未連線
TXO1C06800		TAIFEX	撮數選擇權	KWAY64V2	未連線
TXO1C06850		TAIFEX	撮數選擇權	KWAY64V2	未連線
TXO1C06900		TAIFEX	撮數選擇權	KWAY64V2	未連線
TXO1C06950		TAIFEX	撮數選擇權	KWAY64V2	未連線
TXO1C07000		TAIFEX	撮數選擇權	KWAY64V2	未連線
TXO1C07050		TAIFEX	撮數選擇權	KWAY64V2	未連線
TXO1C07100		TAIFEX	撮數選擇權	KWAY64V2	未連線
TXO1C07150		TAIFEX	撮數選擇權	KWAY64V2	未連線
TXO1C07200		TAIFEX	撮數選擇權	KWAY64V2	未連線
TXO1C07250		TAIFEX	撮數選擇權	KWAY64V2	未連線
TXO1C07300		TAIFEX	撮數選擇權	KWAY64V2	未連線

右側選單:

編輯商品
新增商品(A) ＞
刪除商品
匯入資料 ＞
匯入商品清單... Ctrl+L
匯出資料

讀取資料... Ctrl+R

清除快取
刪除資料... ❷

商品連線
眼價儲存欄位... Ctrl+Alt+S

重新更新 F5
✓ 事件紀錄

歷史資料都以文字方式儲存，主要有 6 種格式

　　歷史資料其實都是以文字的方式儲存在這邊，主要是以下 6 種格式：
Date、Time、Open、High、Low、Close。讀取與新增的順序要特別留意，
要先按「讀取」再按「新增」，不然會造成資料存取錯誤。

　　由於此處沒有防呆措施，因此在使用的時候，一定要先按「讀取」再
按「新增」，以免悲劇發生。很多時候，因為 Multicharts 的資料存取技

術問題，在需要回補資料的時候，發現資料不進來，必須要在 QM 手動刪除歷史資料才行，所以這個算是使用 Multicharts 的基礎技能，各位使用者一定要學會才行，不然使用起來肯定會綁手綁腳。

③-③ 執行模擬重播

使用 Multicharts 的投資人，或多或少有參加過某些投顧老師的講座，講座中最迷人的地方，就是訊號下單的實況重播，看著訊號快速地跳動，彷彿感覺錢會跳到自己的口袋一樣。

用「分鐘」檢視即時行情，順便練盤感

由於 Multicharts 的歷史資料，是以日、分鐘、tick 等 3 種方式儲存，因此能夠模擬出盤中的即時情形，我常常會用「分鐘」的資料來檢視即時行情，也可以順便練習盤感。重播的功能位於 Multicharts 主畫面的右下方，運用重播功能，我們不但能回顧盤中的情況，還能自選開始時間，

並且搭配訊號，甚至調配播放速度，就可以做到重播功能了。重播功能可以搭配當沖交易一起來做策略開發，如果投資人沒有策略靈感的話，看看大盤波動的感覺，與不會動的歷史資料相比，也許會擦出不同的火花也說不定。

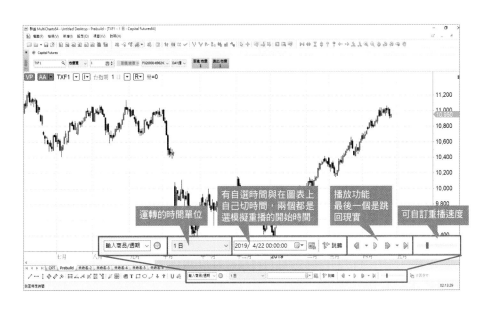

透過模擬重播，使用者可以體會盤中的變化，以及策略進出場的時機，但是，即使歷史可以模擬，明天的行情我們卻永遠不知道，還是要嚴守自己的紀律才行。

⓷⁴ 交易所時間與本機時間

　　有在投資的朋友，一定會關心各國股市的開盤時間，如果使用 Multicharts 的話，有需要特別調整嗎？其實 Multicharts 有個很貼心的小地方，就是在預設裡就有交易所時間，當然使用者也可以自己選擇本機時間來表達，而兩者也有所差異（詳見表 1）。

不同時區商品放在同一張圖表，要用本機時間

　　投資人對台指期的開收盤時間，原則上都很了解，即使本身沒有參與股市，也不會錯得太離譜。但是，歐美股市的開盤時間，就不是每個投資人都背得起來，就算是營業員也不見得人人都能牢記。雖然從網站上

表1 **交易歐美盤商品時，應調整為交易所時間**
──本機時間與交易所時間差異

項目	意義	運用時機
本機時間	指投資人自己電腦的時間	不同時區的商品，想確認對應到投資人所在地的時間
交易所時間	指QuoteManager裡面設定的商品交易所時間	交易歐美盤商品，編寫時會針對其交易時段而調整時區

資料來源：凱衛資訊 Multicharts 軟體

可以查到，但是，要用程式交易的話，還是要特別注意一下，因此，本機時間與交易所時間還是要特別留意。

而海外期貨特殊的地方就在於，有所謂的「夏令時間」與「冬令時間」。美國、歐洲都有特殊的日光節約時間規定，美國跟歐洲的轉換時間還不一樣（詳見圖1）。

如果投資人要投資美股或歐股的話，就要考慮到時令的問題，它會影響交易時間，而寫策略的時候，有個特殊的寫法會用到，那就是「if time > ○○○ then begin...」，程式中的○○○，使用的資訊會是

圖① 歐美股市在冬令時間，會比夏令時間晚1小時開盤
——夏令時間與冬令時間

美股　3月第2個星期日　　夏令時間　　11月第1個星期日　　冬令時間
　　　○—————————————○————————————→
　　　　開盤時間：21：30～04：00　　開盤時間：22：30～05：00

歐股　3月最後1個星期日　　夏令時間　　10月最後1個星期日　　冬令時間
　　　○—————————————○————————————→
　　　　開盤時間：15：00～23：30　　開盤時間：16：00～00：30

註：開盤時間是指台灣時間

Multicharts 圖表上面所顯示的時間，如果只是操作台股或亞洲盤（例如：日股、陸股、港股等）的投資人就可以忽略。

　　如果投資人一律使用本機時間的話，在交易歐美盤的時候有可能會碰到麻煩的夏令或冬令時間，因為會差 1 小時，最好用交易所時間比較好。另外還有一個情況也會用到時區調整，那就是使用不同商品開發策略。如果使用者希望將不同交易所且不同時區的商品一起做策略，這邊就一定要調整成本機時間，例如：將台指期與美元指數放在一起做策略時，

因為兩者的時區不相同，所以一定要將時段設在本機才可以。

　　如果是不同交易所或不同時區商品綁在一起的策略，叫做「配對交易」，由於參考的層面相較於單純的指標或突破複雜許多，因此，以策略開發而言是難度比較高的，有機會的話投資人可以試試看。

開啟交易追蹤視窗
下單資訊一目了然

3-5

使用 Multicharts 的投資人，我強烈建議要開啟「顯示交易追蹤視窗」的功能，就可以簡單看到你所使用的 LOG（紀錄檔）（詳細 LOG 在 Multicharts 的資料夾裡面安裝），包括委託單、帳戶部位、策略部位等，都能讓你快速掌握部位的狀況，而開啟方式如下：

可查詢到與連線、委託下單有關的基本紀錄檔

首先，進入 Multicharts 主程式，點選上方工具列❶「檢視」，並且在❷「顯示交易追蹤視窗」打勾，就可以看到交易追蹤視窗，它會顯示委託單的資料，如果有錯誤也可以從❸「紀錄」去尋找。

常見的一些問題，例如：下單為什麼下不出去，發生什麼錯誤訊息，是交易帳號沒有設定，或是帳戶餘額不足，此處都會以紅字顯示，同時也能看出來是哪個策略在執行，以及策略是在幾點幾分幾秒進場。

但是，也請各位使用者特別注意，「帳戶部位」、「策略部位」與「歷史庫存」所顯示的資料不要太當真，要準確的看到部位狀態，最好還是看券商看盤軟體的帳務狀態，因為 Multicharts 這個軟體並沒有直接連線券商後台，請你定期去檢查部位是否正確，萬一真的出錯，損失的可是自己的荷包。

如果錯誤無法自己排除，使用者也可以選擇上傳 LOG，方式為在開啟 Multicharts 的時候，點開右下方的❶箭頭，並且選擇❷ Multicharts 的 LOGO 圖→❸「Log 上傳」，以尋求官方的專業協助。

用市場掃描視窗 掌握追蹤標的資訊

3-6

想要一眼關注很多商品或股票的投資人，其實可以使用 Multicharts 中的一項功能——市場掃描視窗，來快速檢視許多商品，其方式如下：

首先，打開 Multicharts 軟體，點選上方工具列❶「檔案」→❷「新增」→❸「市場掃描視窗」。

接著，系統會打開檢視視窗，點選滑鼠右鍵，依序選擇❶「新增商品」
與❷「新增指標」，此時所選擇的商品就會一一列在視窗裡，如果有接
收報價的商品，就會變成黃色。另外，投資人也可以設定指標，顯示多
空訊號。

有接收到報價的商品會變成黃色

可同時檢視所有標的，多空行情都不漏接

Multicharts 的「市場掃描視窗」無法像別的軟體一樣，可以快速選出
條件已經設定好的股票，Multicharts 必須自己寫指標，有興趣的使用者
可以翻閱 4-5，有特別為市場掃描視窗寫的範例。

　　我所認識的客戶中，有人會自己寫指標來找個股期的投資機會，一次追蹤 10 幾檔股票，以選擇最有機會的標的來做交易；也有人習慣看盤軟體的自選股，因此常常看著 10 幾檔有興趣的期貨商品，有興趣的使用者可以測試看看。

③-⑦ 如何找到股票歷史資料？

使用 Multicharts 進行程式交易的投資人，基本上都是以交易期貨為主，除了下單專用的元件之外，更根本的因素在於，期貨交易的槓桿極大，因此需要更迅速的方式來處理自動下單的問題。

期貨槓桿大，需要用更即時的程式交易下單

以國內的台指期為例，一般來説槓桿約 24 倍，而股票的槓桿為 1 倍，這邊的差別在什麼地方呢？股票如果漲停板，1 天最多漲 10%，而期貨是保證金交易，以 1 口台指期的原始保證金 10 萬 7,000 元來計算，10% 就是 1 萬 700 元，也就是説，台指期漲 54 點的獲利金額（台指

期 1 點為 200 元）就等於漲了 10%，因此多數投資人用 Multicharts 來交易期貨，因為期貨的波動更快更大，需要更即時的方式來下單。

雖然 Multicharts 比較少用來交易股票，但是，有一些有發行股票期貨的高價股，例如：國巨（2327）、大立光（3008）、穩懋（3105）、玉晶光（3406）、創意（3443）、華新科（2492）、環球晶（6488），以及可成（2474）等，由於它們的股票期貨波動幅度比較大，而且量能充足，因此，投資人還是可以用 Multicharts 編寫指標來判斷標的的多空方向。

Multicharts 透過數據源可以找到股票，但是，從數據源下載的商品，除非有認識的老師或好心朋友能給你歷史資料，不然預設回補的時間都不會太長，大約 1 年左右。1 年的歷史資料對於大數據的研判來說，其實有點少，而解決方法可以嘗試以下的步驟：

首先，使用者必須打開 QuoteManager 軟體，在畫面中點選滑鼠右鍵，並且依序選擇❶「新增商品」→❷「從數據源取得」→❸「KWAY64V2」。

接著，進入下一個畫面後，在❶「商品代碼」輸入想要查詢的標的（此處以「台積電（2330）」為例），按下❷「搜尋」，並且從下方清單中找出❸「台積電2330」，再按下❹「新增」。

新增商品還算簡單，但是新增好商品之後，使用者會發現一件事，那就是新增的商品預設不會有歷史資料，需要自己另外匯入。

歷史資料須自行匯入，可從常用看盤軟體中找尋

至於要如何找到歷史資料呢？這時候就需要用到券商的看盤軟體。請各位使用者看看常用的看盤軟體，有沒有類似的匯出資料功能。

首先，來到 QuoteManager，先點到❶「台積電（2330）」，並且按下滑鼠右鍵，選擇❷「匯入資料」→❸「ASC II」。找到剛剛所匯出的檔案❹「2330_ 台積電 _ 日線（完整）」，並且按下❺「確定」。

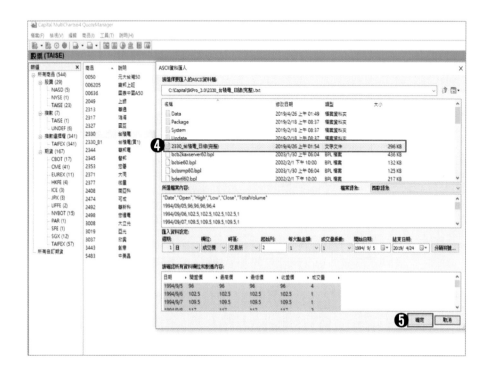

　　最後，使用者只要重新回到 Multicharts 主程式，新開一張圖表視窗，開啟我們剛剛新增的「2330_ 台積電 _ 日線」。由於匯入來自券商端長期的日線資料，因此現在投資人就能看到剛才所匯入的台積電日線歷史資料了，可以開出的日線圖應該都有超過 5 年。投資人研究股票最好從日線圖開始下手，往往會發現趨勢比起多方影響的大盤更好掌握。

　　用這種方法找到的資料，可以再搭配 4-3 所提到的紅買綠賣指標，或是寫訊號來回測績效，以上就是找到股票歷史資料的方法分享。

③-⑧ 圖表交易基本介紹

大多數的投資人都是將 Multicharts 拿來操作程式交易，但是，程式交易其實只是 Multicharts 的一部分。有些使用者本身就有交易的策略邏輯，也有時間可以盯盤，他們就能用 Multicharts 的特別功能——圖表交易。圖表交易其實也能做到基礎的策略單，從 OCO（二擇一單）的進場，到預設停損停利的部分都能簡單做到，雖然可動的參數不多，但是，對當沖來說已經夠用了，實際運用還請使用者自行練習，而步驟如下：

首先，打開 Multicharts 軟體，點選❶「設定」→❷「圖表交易」。開啟「設定圖表交易」對話框在「一般設定」標籤頁，先勾選❸「顯示下單匣」，再勾選❹「完整模式」，並且按下❺「確定」

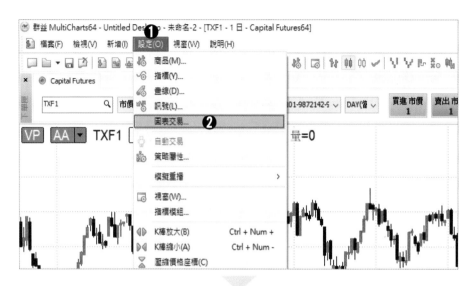

投資人可以在「送出委託」的部分，看到能夠交易的單子，每一個圖示都有特殊意義與適合的使用情境，說明如下：

圖示	名稱	內容
STP	停止單	停止單是在行情來到觸發價時，立即以市價買進或賣出商品的委託單
LMT	限價單	限價單是指定在委託價格買進或賣出的委託單，買進限價單會保證成交在小於或等於的委託價、賣出限價單會保證成交在大於或等於委託價
STL	停止限價單	停止限價單結合了停止單和限價單的特點，一旦行情來到觸發價時，停止限價單會轉成在委託價格買進或賣出商品的限價單
BRK	追買或追賣策略	送出一組OCO群組單：一個高於市場價格的買進停止單，以及一個低於市場價格的賣出停止單，當市場價格觸及任一邊，讓委託成交時，會自動取消另一筆委託單
Fade	低買或高賣策略	送出一組OCO群組單：一個高於市場價格的賣出限價單，以及一個低於市場價格的買進限價單，當市場價格觸及任一邊，讓委託成交時，會自動取消另一筆委託單 低買或高賣策略，通常用於交易員認為價格會在某個區間內盤整，並且希望透過交易在區間內來回操作的方式來獲利
B/Buy	追買或低買策略	送出一組OCO群組單：一個高於市場價格的買進停止單，以及一個低於市場價格的買進限價單，當市場價格觸及任一邊，讓委託成交時，會自動取消另一筆委託單 追買或低買策略，通常用於交易員希望能建立一個多頭部位，但是不確定市場走勢是會直接向上突破壓力，或先回測支撐
B/Sell	追賣或高賣策略	送出一組OCO群組單：一個高於市場價格的賣出限價單，以及一個低於市場價格的賣出停止單，當市場價格觸及任一邊，讓委託成交時，會自動取消另一筆委託單 追賣或高賣策略，通常用於交易員希望能建立一個空頭部位，但是不確定市場走勢是會直接向下跌破支撐，或先反彈至壓力

另外，投資人可以在「出場委託」的部分，看到能夠交易的策略，每一個圖示都有特殊意義，讓你的停損停利更為靈活，說明如下：

圖示	名稱	內容
	括號單	括號單是將兩筆委託像括號一樣，設定在原始委託的上下兩側，這樣可以在市場波動的狀況下，限制你的損失或確保你的獲利
	損益兩平策略	當交易員持有一個部位，而且市場走勢如預期方向發展時，損益兩平策略會自動在損益兩平點，委託一個停止單或停止限價單（交易成本可以自行設定），損益兩平策略可以在市場走勢不利於你的部位時避免損失
	移動停損策略	移動停損策略會依照部位的獲利狀況，動態調整停損出場的價位，當部位獲利增加時，會不斷往有利的方向調整出場的價位，這樣即使行情反向時，也可以保有大部分的利潤，移動停損策略同樣可以用停止單或停止限價單
	停損策略	交易員可以設定可接受的最大損失（點數、百分比），作為停損出場的標準，停損策略會自動送出停止單，確保在市場走勢不利時，可以保護交易部位
	停利策略	交易員可以設定預期的獲利目標，可接受的最大損失（點數、百分比），作為停利出場的標準，停利策略會自動送出限價單，以便在策略達到預期獲利水準時實現獲利
	策略大師	策略大師提供了多個層級的括號單、移動停損、損益兩平的出場策略設定，並且同時可以設定每個部位的停損與停利，所有設定可以同時運作及運算，而且和目前部位同步，快速反映市場現況

在了解了委託單的意義與出場策略之後，投資人就可以開始進行下單。但是，要注意的是，在下單之前，別忘了在圖表交易的地方也要設定交

易的帳號以及下單模組，先點選右上角的❶「綠燈」符號，點選❷「設定經紀商」。選擇想要下單的經紀商之後，再點選❸「編輯」，進行相關設定。

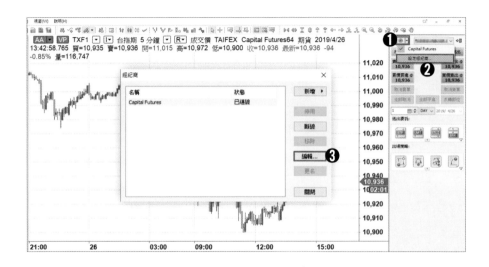

而圖表交易的下單設定方法與設定自動交易的方法幾乎一模一樣，雖然有使用者會詢問：「如果圖表左上角已經設定好 AA 的自動交易模組，圖表右上角還需要另外設定圖表交易模組嗎？」我只能說，兩邊的模組都要使用者手動設定才能使用，而使用圖表交易的時候，下單方式的流程如下：

　　首先，在「送出委託」的地方，將想要執行的委託單❶直接拖曳到圖上，並且設定買賣價位❷價位，再按下❸「是」，此時系統就會顯示掛單成功。

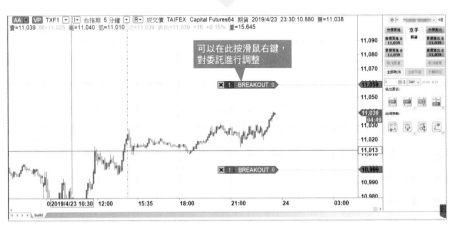

　　而出場的設定同樣很簡單，只要對著「出場策略」按滑鼠右鍵，並且選擇❶「編輯」，並且❷進行價格的設定，接著按下❸「儲存」。此時畫面上就會出現出場策略了。

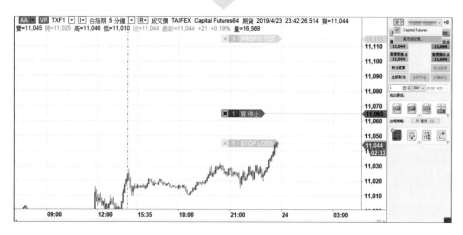

　　紫色的 2 個 breakout，是我掛好的 OCO 追買追賣單。顏色比較暗的箭頭，是用圖表交易另外拉的 2 組出場策略，也就是說，只要多單或空單成交之後，停損停利單就會直接掛好，對當沖而言實在方便。

　　仔細觀察圖表交易的選項，其實就能發現很多交易的方法，例如：雙邊突破的 OCO 單進場之後，直接設定好雙邊 OCO 停損停利，諸如此類的操作方法，其實非常符合交易者的直覺，使用得當的話，當沖操作其實都很方便，非常適合手單交易。

圖表交易無歷史績效驗證，交易只能全憑經驗

　　另外，圖表交易雖然使用很方便，但是，與使用大數據回測撰寫策略的程式交易，方法還是差別很大。圖表交易比較算是半自動交易，沒有歷史績效可以驗證，交易的時候只能全憑經驗，而半自動與全自動交易，究竟孰優孰劣，這方面難以說得明白，畢竟 Multicharts 只是一套軟體，如何使用就有賴投資人自己的操作經驗與方法。

3-9 如何進行最佳化？

很多的程式交易使用者，除了 Multicharts 之外，有的投資人也會用 Excel VBA、Python、R 語言、MT5、HTS 等等，但是，大家都會提到一件事，就是 Multicharts 的最佳化功能實在太方便了，只要有使用 Multicharts，一定會對最佳化的功能愛不釋手。

至於什麼是最佳化呢？最佳化其實就是去運算各個參數，並且對每個參數都跑出績效報表，只要是數字，並且做成 input，都可以拿去執行最佳化。至於為什麼要最佳化呢？因為很多的策略只要簡單變化參數的設定值，計算的進出場邏輯就會不大相同，而最佳化的演算法可以分為：暴力演算法與基因演算法（詳見表 1）。

表1 **由於每個參數都運算，因此暴力演算法準確度高**
——演算法的差異

演算法	暴力演算法	基因演算法
精確度	高，因為每個參數都運算	普通，因為是用演算法大致算出的參數
運算時間	非常久	很快

資料來源：凱衛資訊 Multicharts 軟體

演算法 1》暴力演算法

暴力演算法的最佳化次數，券商版運算不能超過 1 萬次，而專業版沒有限制，但是超過 1 萬次的話，運算起來可能會耗時很久。以暴力演算法來說，運算時間與資料週期、參數、次數等數據息息相關，一旦開始運算，就相當考驗 CPU 的等級了。如果投資人已經將訊號放在圖表上，後續設定方式如下：

首先，在 Multicharts 畫面中按下滑鼠右鍵，選擇❶「設定訊號」，打開「設定物件」對話框後，在「訊號」標籤頁，按下❷「最佳化」，此

時系統會顯示「選擇最佳化方法」對話框，選擇❸「暴力演算」，並且按下❹「OK」。

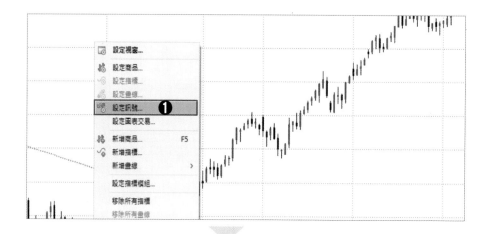

接著，下一步就是要設定❶「起始值」、❷「結束值」與❸「遞增值」，設定完畢後，系統就會進行運算。

	訊號名稱	參數名稱	現值	起始值	結束值	遞增值	計算次數
☑	Keltner Channel LE	Length	20	10	30	2	11
☑	Keltner Channel LE	NumATRs	1.5	1	2	0.2	6
☑	Keltner Channel SE	Length	20	10	30	2	11
☑	Keltner Channel SE	NumATRs	1.5	1	2	0.2	6

暴力演算屬性　可最佳化參數　最佳化條件

運算結束後選擇任何一個想要的❶參數，並且點兩下，新的策略就會套用進去。

Max Consecutive Losers	Avg Bars in Winner	Avg Bars in Loser	Max Intraday Drawdown	Profit Factor	Return on Account	Custom Fitness Value	volsell (test)
18.00	40.75	10.62	-464400.00	1.02	61.08	0.00	1000.00
18.00	40.75	10.62	-464400.00	1.02	61.08	0.00	1001.00
18.00	40.75	10.62	-464400.00	1.02	61.08	0.00	1002.00
18.00	40.75	10.62	-464400.00	1.02	61.08	0.00	1003.00
18.00	40.75	10.62	-464400.00	1.02	61.08	0.00	1004.00
18.00	40.75	10.62	-464400.00	1.02	61.08	0.00	1005.00
18.00	40.75	10.62	-464400.00	1.02	61.08	0.00	1006.00
18.00	40.75	10.62	-464400.00	1.02	61.08	0.00	1007.00
18.00	40.75	10.62	-464400.00	1.02	61.08	0.00	1008.00
18.00	40.75	10.62	-464400.00	1.02	61.08	0.00	1009.00
18.00	40.75	10.62	-464400.00	1.02	61.08	0.00	1010.00
18.00	40.75	10.62	-464400.00	1.02	61.08	0.00	1011.00
18.00	40.75	10.62	-464400.00	1.02	61.08	0.00	1012.00
18.00	40.75	10.62	-464400.00	1.02	61.08	0.00	1013.00
18.00	40.75	10.62	-464400.00	1.02	61.08	0.00	1014.00
18.00	40.75	10.62	-464400.00	1.02	61.08	0.00	1015.00
18.00	40.75	10.62	-464400.00	1.02	61.08	0.00	1016.00
18.00	40.75	10.62	-464400.00	1.02	61.08	0.00	1017.00
18.00	40.75	10.62	-464400.00	1.02	61.08	0.00	1018.00

雖然暴力演算法計算結果很精確，但是有點慢，請投資人試想一下：週期1分鐘，時間10年，因為K棒數量極為龐大，運算時間就會非常久，萬一又要算幾十萬次，可能整台電腦就要10小時都不能工作了。最可悲的是你的參數input忘記取代程式碼裡面的數字，導致時間完全白費，如果計算次數非常多，這個時候就建議試試基因演算法。

演算法 2》基因演算法

基因演算法只計算較精準的組合，能快速分析數百種參數的策略。但是，基因演算法的缺點是，找出的參數會是「近似」最佳解，不見得是「真正」最佳解。如果想要計算好幾十萬種的組合，或一次測4個參數，而且只希望看到大概的結果，我就會建議使用基因演算法，因為運算時間會減少非常多。而詳細設定的選項很多，但是，基因演算法我大致都用原始設定，其流程如同暴力演算法，只要在「選擇最佳化方法」對話框，選擇「基因演算」就可以了。

移動窗格是一個對付曲線擬合策略開發問題的最佳化方法，但是，除非使用者對這種統計運算方法相當熟練，不然不建議使用。

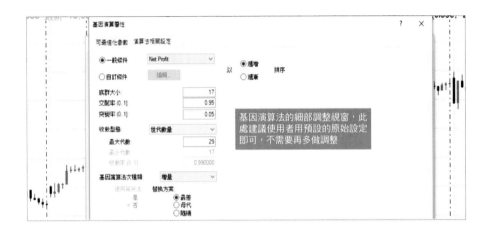

　　最佳化演算是 Multicharts 這套軟體最精華的地方，效果相較於外匯交易著名的「MT5」，回測與最佳化運算的速度其實也快了 10 倍以上，而使用 Multicharts 的投資人，一定要能熟練運用最佳化的步驟。

兩種演算法搭配使用，才能事半功倍完成策略

　　暴力演算法雖然運算精確，但是如果要每筆都運算，會消耗相當多的時間成本，就算專業版的使用者，最佳化可以超過 1 萬筆，不過，動輒數小時以上的運算時間還是相當耗時，此時也能考慮基因演算法搭配暴力演算法，唯有找出適合自己的方法，才能事半功倍完成心目中的策略。

3-10 Portfolio Trader簡介

本章節作為功能系列的最後一篇，是因為這項功能區別了券商版與專業版。券商版的 Multicharts 特別鎖住了本功能，表示這功能一定有特別之處，以下就來為各位使用者介紹。

須熟悉軟體基本操作，才能靈活運用 3 大功能

Portfolio 英文名字就有「投資組合」的意思，實際上主要有 3 大功能，分別是：回測、最佳化與自動交易。而 Portfolio Trader 的所有功能都是基於「投資組合列表」（Portfolio Tree）的使用，在這邊建構好使用者想要的商品，並且匯入要使用的策略。

在 Portfolio 這邊，許多基本的設定在第 2 章、第 3 章都學過，商品設定部分：無論是商品的週期、交易時段、運用的歷史資料區間應該都能順利編寫。訊號設定部分：從策略屬性、參數調整，應該都能順利使用，這方面就不多提。

如果要使用 Portfolio 的功能，使用者需要完全熟悉 Multicharts 的基礎操作，但是 Portfolio 直接把回測、最佳化、自動交易等功能，全部昇華再進化，因為在 Portfolio 可以同時對複數的商品進行上述功能，其詳細介紹如下：

功能1》回測

這邊的回測，允許主畫面的多個不同商品、策略，做出同一份的績效報表，讓使用者檢視同樣的時間、週期之下，你的多策略績效到底會變好還是會變差，這是大家最常使用 Portfolio 的功能。

功能2》最佳化

Portfolio 也能進行參數最佳化，雖然 Portfolio 可以一次回測所有的策略，但是會讓運算次數大增，動輒數小時或數十小時的最佳化運算時間

也算是家常便飯。

而且最佳化的運算很吃電腦效能，因此程式交易老手的電腦，有時候就像軍備競賽一樣，性能都非常優秀與高價，整套 10 萬元以上都很常見，甚至還分成開發主機與下單主機，開發主機放家裡使用，下單主機租雲端，這些都時有所聞。

因為在 Portfolio Trader 這邊，完全沒有任何主程式的圖表輔助，所以最佳化的時候，使用使一定要完全了解運算的策略參數，假如有 10 個策略，每個策略有 4 個主要參數要調整，你就需要一次調整 40 個參數，因此，了解自己的策略非常重要。

功能3》自動交易

自動交易的功能設定，在第 2 章、第 3 章有學過，應該都能看得懂這邊的設定，但是最多者用者會詢問的問題就是，「主程式裡的自動交易，跟 Portfolio 的自動交易到底差在哪邊呢？」

其實，就自動交易而言，兩者幾乎沒有分別。Portfolio 的自動交易，

由於連圖表都沒有開出來，所以比較適合控管部位非常大量的投資人。不過，因為交易到最後變成只看到數字報表，要修改策略會變成無法以直覺進行調整，所以程式交易使用者比較不青睞。

大部分的程式交易使用者，仍然偏好在主程式開啟圖表來運作程式交易，和 Portfolio 最主要的差別在於，主程式可以看到圖表，能讓使用者了解策略的實際運作狀態，透過圖表明確標示出進出場的位置，檢視策略有無需要修正之處。

實戰篇

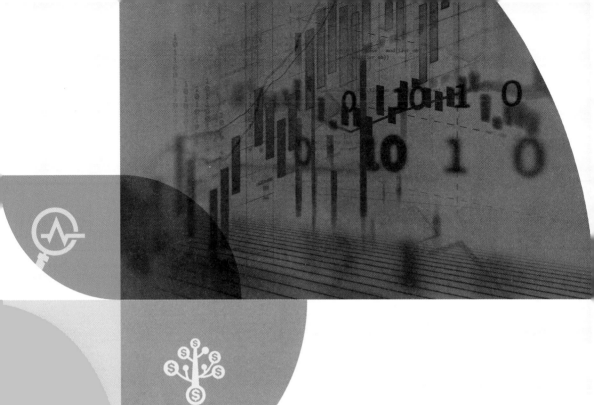

第 4 章

認識基本語法
與畫出指標

4-1 Multicharts的基本單字與文法

關於 Multicharts 使用的語法，坊間有一本《PowerLanguage 程式交易語法大全》，但是，那本著作比較像是一本字典，我們學習認字、說話，不需要學會字典裡面全部的字，只要學會基本的關鍵字就夠了。PowerLanguage 語法的基本單字其實沒有很多，簡單到連國中生也看得懂，究竟有多簡單呢，讓我們來看看。

基本單字》常用到的單字不超過 20 個

Multicharts 會用到的單字其實大約只有 10 ～ 20 個左右，使用者在編寫的時候，還會索引到相關的單字，而比較關鍵的單字有以下 7 種：

圖1 每根K棒都包含開盤、最高、最低與收盤價
——K棒的4種價格

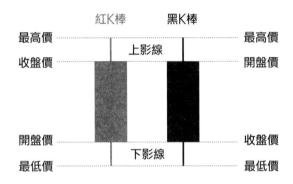

單字1》價格定義

程式在運作的時候，其實沒有厲害到能夠讀取每個價位，K棒要能夠被程式讀取，主要有4個價位，分別是開盤價（Open）、最高價（High）、最低價（Low）和收盤價（Close），而這4個價格會在K棒上呈現出來。如果收盤價高於開盤價的話，稱之為「紅K棒」；如果收盤價低於開盤價的話，稱之為「黑K棒」（詳見圖1）。

英文	翻譯	縮寫	例句
Open	開盤價	O	
High	最高價	H	
Close	收盤價	C	
Low	最低價	L	

```
1  if time=0900 and Close[0]>Open[0] then
2         buy next bar market;
3
4  if t=0900 and C>O then
5         buy next bar market;
```

如果時間9點，而且收紅K棒，則下根K棒出來時，多單市價進場

上圖中其實上下 2 個例句的意思完全一樣，只是第 2 句把可以簡化的單字縮寫了。由於 Multicharts 的語法都是針對策略使用，因此提到的部分會用例句表示。

單字2》宣告自定義單字

宣告自定義的單字分為：宣告外部參數與宣告內部參數。前者有 input 或 inputs；後者有 var 或 vars 或 varable 或 varables。input 與 inputs 的意思是完全一樣，有沒有加 s 都沒差，而 var、vars、varable 或 varables 的意思也一樣，使用者用得習慣就好，英文用大小寫都沒關係。

而 input 最容易讓新手感到困惑的地方在於，為了程式的美觀與辨識方便，通常都會把它放在第一行，但是，這些單字在文章裡面，頂多只

168

能算是附註而已，閱讀的時候，不會先看最後一行的附註，請使用者看程式碼的時候，記得先看文章的本體，文章不通順的時候再去看 input、var。

其實 input 是可以從外部去改變的參數，例如：KD 指標的參數是 9，MACD 的參數是 12、26 等。var 系列是自己定義的字或情況，因為不需要數字，所以用 (0) 即可。

單字	項目	例句
input inputs	宣告外部參數	1 `input:sl(30);` 2 `if marketposition>0 then` 3 `sell next bar entryprice-sl stop;`
var vars varable varables	宣告內部參數	`vars:MKP(0);` `marketposition=mkp;` 如果有多單，賠了30點就停損出場 將marketposition（市場在倉部位）這個單字，縮寫成mkp

單字3》下單指令

buy、sell、sellshort、buytocover 這 4 個指令，是期貨裡面做多與做空的指令，期貨只會有多單、空單、空手這幾種選項，在 PowerLanguage 裡面，也會有對應的語法使用。

market、stop、limit 指的是下單種類，有做過期貨的人，對 market（市價單）、limit（限價單）這 2 個單字應該不陌生，而 stop（停損單）在國外很常見，雖然國內無法使用，但是，投資人可以透過下單機來模擬。

英文	翻譯	例句
buy	多單進場	
sell	多單平倉	
sellshort	空單進場	
buytocover	空單平倉	
market	市價單	
stop	停損單	
limit	限價單	

下一根K棒出來的時候市價做多

多單虧50點就停損出場

```
1
2  buy next bar market;
3  sell next bar entryprice-50 stop;
4  sell next bar entryprice*(1+0.01)limit;
5
```

多單賺到進場價往上1%就停利出場

單字4》註解類型

註解類型語法的特性，主要是方便使用者觀看，要知道程式碼從數十行到 100 行至 200 行也時有所聞，因此，要自己插入分段的方式。隨著使用情況有所不同，使用者可以自行決定要使用「//」或「{ }」。而「" "」雙引號的用法與前面兩個不同，它是為了要在主程式上顯示所做的標記，例如：策略用了 3 套進場、2 套出場、2 套停利，透過「" "」就能標記出下單指令，讓使用者更方便檢視。

符號	中文	例句
//	雙斜線	`2  //stoploss`
{ }	大括號	`3  {sell next bar market;}`
" "	雙引號	`4  sell("buy1")next bar market;`

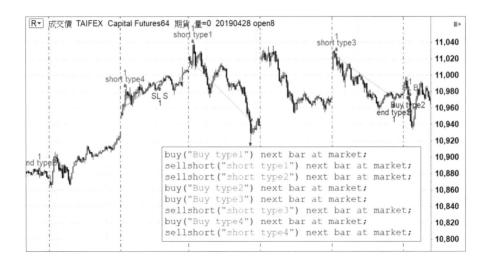

單字5》自訂數值或情況

寫策略的時候，常常需要使用者自己定義數值或情況。以 Multicharts 為例，這種為了策略而特別定義的字，主要有 value 跟 condition，而且預設可以分別設定 99 個，一定都夠策略的撰寫與使用。

英文	中文	例句
| Value | 數值 | ```
2  if time = 0900 then begin
3      value1=highest(high,5);
4      value2=lowest(high,5);
5  end;
``` |
| Condition | 情況 | ```
6
7  condition1=close>value1;
8  condition2=close<value1;
``` |

單字6》排列順序

在認識了基礎單字後,還要學會實際使用的排列順序,每張圖表上有這麼多根K棒,每個K棒都有自己的開高低收價位,使用者也可以想成1條均線,這條均線名為value1,但是,不同位置的value1也要能夠正確被判讀,才能方便運用。而系統最常以0、1、2、3的方式排序,0代表最新發生,1代表前一次發生,2代表前兩次發生,以此類推。

單字	範例	翻譯
value	value1[0] > value1[1]	現在的value1大於上一個value1
close	close[0] -open[2]>30	最近3根K棒漲了30點
closeD	openD(0)>closeD(1)	今天開盤價比昨天收盤價還高

單字7》其他

Multicharts 基本要認識的單字很少，而且大多很常見。雖然實際可能用到的單字還是很多，但是碰到的時候再去查書就行了。就像學英文一樣，不需要先背500個單字才去讀文章，應該要跟著文章慢慢學習單字。

英文	解釋
volume	成交量的意思，週期是日以上的時候使用
ticks	成交筆數，計算週期是日以下的時候使用，例如要計算1分K線的週期，就要用ticks
entryprice	進場價格，可以在後面加上( )，來抓取前幾次的進場價格，例如：entryprice(1)+50
exitprice	出場價格，與進場價格相互對應
marketposition	目前的部位狀況，0代表沒有任何倉位，1代表多單，-1代表空單
cross over	往上穿越，也可以寫成cross above
cross under	往下穿越，也可以寫成cross below

基本文法》組成策略的基本架構

用 Multicharts 的 PowerLanguage 來撰寫程式語言，必須要使用「if...then...」這個句型來去編寫，翻譯成「如果……就……」。「begin...end」則是另外一種句型，使用者可以把 begin 之後的句子統合起來，有多少個 begin，就要有多少個 end。

　　而「If...then...else if...then...」這個句型常用於分別兩者，翻譯為「如果不是 A，那就是 B」，因為中間沒有標點符號中斷，所以看起來可能會很長，但是，只要語意通順，其實都可以使用，以各位使用者的寫作習慣為主即可。

　　這邊所提的都只是基本的文法而已，全學會的話應該能開始架構一些基本策略，Multicharts 語法的優點在於簡單易學，一些更高級的寫法不是沒有，可能都要有上過程式課才能學會。正所謂師父領進門，修行在個人，要學語法不難，但是要學到透徹就要花功夫才行。

句型結構	中文	例句
If...then...	如果…… 就……	if I hungry then eat hamburger;
If...then begin...end	如果…… 就開始……	if I hungry then begin eat hamburger; end;
If...then...else if...then...	如果…… 那就是……	if I hungry then eat hamburger else if I not hungry then drink tea;

4-2 策略的基本架構

一套完整的策略，應該包含參數、主策略、進場邏輯、停損、停利、出場等部位，這些部位使用者都可以挑選想要的配件來組合運用，你可以想像成它就類似於組合一台機器人的各種部位。以下會使用一個基本策略，並且將它完全分解，以引導使用者認識策略的基本架構。

❶參數

參數常常都寫在程式碼的第一排，但是，建議各位使用者不要一開始就看參數，因為這類 input 或 var 的參數，都是屬於附註的部分，而正常的書籍，附註都會放在每頁的最下方或章節的最末，因此應該是要碰到時才去看。

❷策略主體

　　策略的主架構通常是指進場的邏輯，視情況而言，如果都寫進去的話可能會太長，我為了讓版面比較好看，因此會將一些邏輯寫成 condition，要增減的話都比較方便。使用者當然也可以全部都寫進去再全部用 and 來連接，每個人的寫法都不一樣，也有一些老師喜歡使用空格或分行來排版，只要以自己習慣的撰寫方法為主即可。

❸策略出場

　　策略有進場邏輯之後，也要有出場邏輯，合起來才是一套完整的策略，而出場的邏輯大致上是停損、停利。出場邏輯的複雜程度甚至不下進場邏輯，這邊會特別看到 sell 或 buytocover 後面，我特別有註解。這邊的文字會投射到主畫面，方便使用者檢閱策略使用。

寫策略就像組裝機器人，每個部位都很重要

　　一個策略就像一台機器人，依照條件的不同，可以做出不一樣的結構，機器人有大有小，而策略最基礎只要 2 行，有多空條件即可，不過，要真正做到精美的等級，每個部分的組成都不可或缺，就連策略主體想要

❶
```
input:gogogo(0915),timeout(1300),sl(20),sp(100);
```

❷
```
//mind strategy
condition1 = close[0] - close[2] >20;
condition2 = close[2] - close[0] >20;

//body strategy
if time > gogogo and EntriesToday(D)=0 then begin
if condition1 then buy next bar market;
if condition2 then sellshort next bar market;
end;
```

❸
```
//stoploss
if marketposition <> 0 then begin
sell("sl_B") next bar entryprice-sl stop;
buytocover("sl_S") next bar entryprice+sl stop;
end;

//stopprofit
if marketposition <> 0 then begin
sell("sp_B") next bar entryprice+sp limit;
buytocover("sp_S") next bar entryprice-sp limit;
end;

//exit
if time = timeout then begin
sell("exit_B") next bar market;
buytocover("exit_S") next bar market;
end;
```

再分拆，變成多空分算，或是將出場設計得更精緻，其實都可行。策略的寫法人人不同，但是最終都是以「交易」為目的，以右上 45 度角（持續成長）的績效為目標。

可是，如果設計出過於完美的策略，容易落入過度最佳化的陷阱，在完美與不完美之間的平衡，其實沒有絕對的定數，這方面只能透過使用者的經驗來累績了。

❹⁻³ 繪製紅買綠賣指標

　　許多人使用了 Multicharts 之後，都會迫不及待地想要開始寫策略，但是我強烈建議，先從學會畫出指標開始，因為策略是一種虛無縹緲的東西，只有買賣訊號。不過大多數的使用者都是從看盤軟體開始學習進出場，因此我們應該循序漸進，先從畫出紅買綠賣的指標開始。

方法1》從內建語法改寫

　　寫出紅買綠賣指標，請跟著下圖的語法來編寫，這邊其實是我從指標「Mov Avg 1 Line」語法改寫而成，有興趣的使用者可以自己找出來使用。不過，很多 Multicharts 內建的指標都寫得又臭又長，有機會的話，各位投資人可以全都拿來練習看看。

　　而整個紅買綠賣指標的主軸其實就是 var0，這條是我們所設定的均線，3 條的 if 程式代表均線的 3 種走向，最後再將均線用 plot 這個指標專用的指令畫出來，記得最後都要進行「編譯」才能用喔。

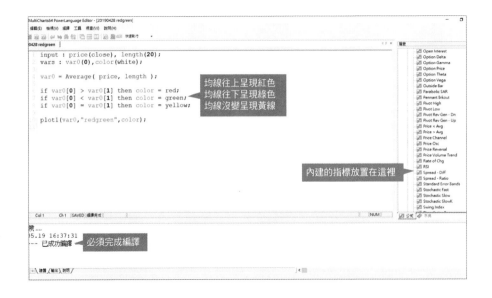

　　撰寫完成後，打開 Multicharts 主程式，選擇想要看到的商品。開啟圖表後，按下滑鼠右鍵，選擇「新增指標」，選擇我們剛剛的檔案，並且按下「確定」，就會出現我們所設定的紅買綠賣指標（詳見右頁圖），使用者可以透過設定來調整呈現方式。

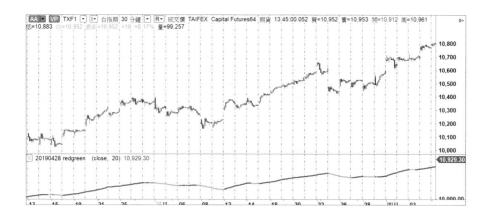

方法2》用PlotPaintBar語法製作

使用者還可以使用另一種常見的語法——PlotPaintBar（也可以寫成PlotPB），這種紅買綠賣的寫法，可以直接在主圖上將K棒變成投資人設定的顏色，而相關語法與呈現的線圖如下：

```
input : price(close), length(20);
vars : var0(0),color(white);

var0 = Average( price, length );

if var0[0] > var0[1] then PlotPB(high,low,open,close,"redgreen",red);
if var0[0] < var0[1] then PlotPB(high,low,open,close,"redgreen",green);
if var0[0] = var0[1] then PlotPB(high,low,open,close,"redgreen",yellow);
```

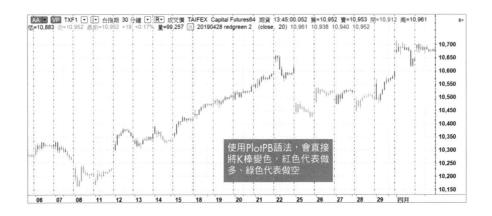

當紅買綠賣的 K 線畫出來後，感覺行情好像都能掌握了。之所以會先說明畫指標的方法，是因為有些策略看著 K 線會比較有感覺，例如突破型或指標型，有線條或顏色來輔助，可以比較容易去思考撰寫的方法。

畫出紅買綠賣指標只是撰寫策略的開始

當紅買綠賣指標在圖表上呈現出來後，就能開始構思策略的可能性，但是，指標畢竟只是指標，別忘了程式交易是建構在大數據下的運算，這邊要再進化的話，可以將這個紅買綠賣的指標另外做成訊號，做成訊號之後就能看到「策略績效報告」，進而完成自己的策略。

④-4 用CDP找出壓力與支撐

CDP 指標是許多投資人愛用的一種指標，是用前一天的盤勢預測今天的壓力與支撐，是當沖交易常見的指標之一。不過，很神奇的是，台灣的看盤軟體幾乎都寫錯，導致這個好指標幾乎都沒人用，我們就用本篇來解說 CDP 指標。

利用前一天高低收價，研判今天股價震盪區間

在計算 CDP 指標之前，必須先算出前一天行情的 CDP 值；接著，再分別計算前一天行情的最高價（AH）、次高價（NH）、次低價（NL）以及最低價（AL），公式如下：

CDP＝（最高價＋最低價＋ 2× 收盤價）/4

AH＝CDP＋（最高價－最低價）

NH＝2×CDP－最低價

NL＝2×CDP－最高價

AL＝CDP－（最高價－最低價）

　　下面是 CDP 指標全部的程式碼，使用者可以明顯的看出，我們運用昨天的最高點、最低點與收盤價，創造出今天的支撐與壓力區。如果是當沖高手的話，也許看到支撐與壓力區就會有一些交易概念與想法，大家不妨嘗試看看。

```
var:cdp(0),ah(0),nh(0),nl(0),al(0);
if date<>date[1] then begin
cdp = (highD(1)+LowD(1)+2*CloseD(1))/4;
ah = cdp + (highD(1) - LowD(1));
nh = cdp*2 - LowD(1);
nl = 2*cdp - highD(1);
al = cdp - (highD(1) - LowD(1));
END;

plot1(AH,"AH",red);
plot2(NH,"NH",red);
plot3(CDP,"CDP",blue);
plot4(NL,"NL",green);
plot5(AL,"AL",green);
```

　　CDP 指標是用來判斷有跳空類型的商品時很好用，像是用在台指期就很方便。CDP 指標的優點在於，能從前一天的高低點與收盤價，求出當天大盤的壓力與支撐的位置。

　　從下圖可以看出來，大盤可能會在碰到線的時候出現無形的阻力，也許你可以在此定義停利或反手，雖然不會每天都適用，但是仍有一定的準確度。

　　寫出來的 CDP 指標，我會與主圖的商品疊在一起來看，這時還需要點選❶「設定」→❷「座標」→❸「和商品一致」，這樣才能將指標與 K 線圖完整的重疊。

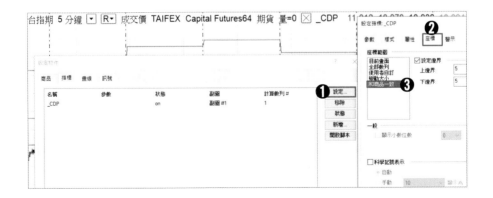

正確CDP圖例》

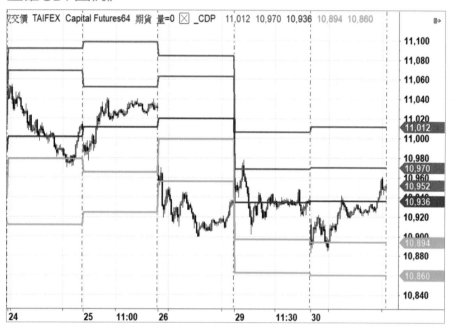

　　至於一般看盤軟體的 CDP 指標為什麼都長得很奇怪，那是因為寫看盤
軟體的工程師，其實很多都不懂交易，寫程式碼的時候，原本應該使用
前一天的高低收價，變成使用前一根 K 棒的高低收價，錯在這種地方很
神奇對不對。這種錯誤只有自己寫過或練習過才能理解，以後自己寫程
式碼的時候，記得不要寫錯。

錯誤CDP圖例》

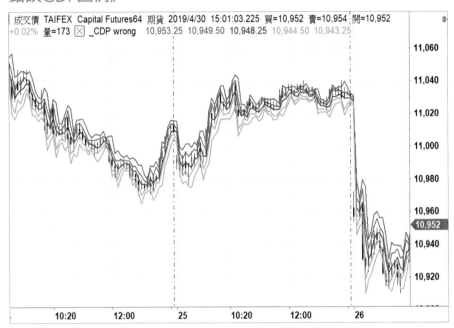

至於其他海外期貨商品能不能運用 CDP 指標呢？其實只要有心，所有東西都可以修改成自己想要的版本，我有認識高手將 CDP 指標用在各大海期常見商品，當然需要另外調整成適合的版本，使用者不妨嘗試看看，可能又是另一個新天地。

4-5 如何在市場掃描視窗使用指標？

使用 Multicharts 的客戶大多都是開圖表而已，因為圖表才能放策略來自動下單，使得他們忽略了很多指標的功能。你可曾想過一次偵測多樣商品，當滿足某些條件之後，就告知你該商品從區間整理變為多頭趨勢呢？如果想要的話，你就要使用市場掃描視窗的指標功能。

同時觀察口袋名單走勢，以了解最新盤面變化

因為市場掃描視窗沒有透過圖表來呈現，所以寫法不像傳統的指標，以下我將簡單使用基本的均線邏輯來當作範例，教導各位讀者認識市場掃描視窗。

首先，打開 PowerLanguage Editor，「檔案」→「新增檔案」→「指標」，並且輸入以下程式碼。

讓我們打開 Multicharts 主程式，點選檔案→新增→市場掃描視窗，打開市場掃描視窗後，投資人可以從這邊來新增商品，並且將想要檢視的商品放在市場掃描視窗裡面。

所有口袋名單一目了然，隨時掌握進出資訊

　　基本的均線應該難不倒大家了，因為我們已經練習過策略的基礎寫法，但是市場掃描視窗專用的指標要如何寫呢？因為只能顯示文字，所以基本的指標寫法不能用，我們需要加以變化，將 plot 改為文字顯示的方式，這樣就能做到市場掃描視窗專用的指標了。

　　透過市場掃描視窗裡的各種商品，可以快速地找到適合的多空商品，也許你能放 10 檔最常操作的期指，或是最關心的 20 檔股票，讓你快速觀察各種商品的多空程度。

④-6 裁縫線Heikin-Ashi的奧祕

在我開辦的說明會中，或客戶私訊詢問的問題裡，有個問題很常被問到，那就是 Multicharts 有沒有 Heikin-Ashi（裁縫線），或能不能寫出裁縫線？裁縫線是一種很像 K 線的指標，聽說是由日本人所發明，同樣有著開高低收 4 種價格，但是表現的方法卻不太一樣。這個指標用在判斷趨勢其實還不錯，順著趨勢走，而在關鍵的時刻會改變顏色，本身就有紅買綠賣的效果。在 Multicharts 其實有內建裁縫線，開圖表的時候可以自己設定開啟，方法如下：

首先，打開 Multicharts 軟體，在主畫面中點選滑鼠右鍵，並且按下❶「設定商品」。進入「設定商品」對話框後在「設定」標籤頁中，選擇「圖

表類型」的❷「Heikin-Ashi」，並且按下「確定」，系統就會顯示出裁縫線。

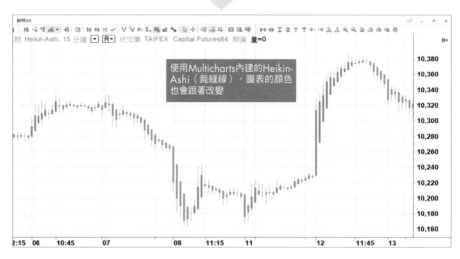

使用Multicharts內建的Heikin-Ashi（裁縫線），圖表的顏色也會跟著改變

　　雖然原本就有這些指令（HAClose、HAOpen、HAHigh、HALow），但是，為了讓使用者都能更了解來龍去脈，因此我特地寫成程式碼給讀者了解。

```
2 Heikin-Ashi
var:_HAClose(0),_HAOpen(0),_HAHigh(0),_HALow(0);

_HAClose=(Open+High+Low+Close)*0.25;
_HAOpen=(_HAOpen[1]+_HAClose[1])*0.5;
_HAHigh=maxlist(High,_HAOpen,_HAClose);
_HALow=minlist(Low,_HAOpen,_HAClose);

input:upcolor(red),downcolor(green);
var:var0(0);

if _HAClose>_HAClose[1] then begin
   var0=upcolor;
   PlotPB(_HAHigh,_HALow,_HAOpen,_HAClose,"up",upcolor);
   end;
if _HAClose<_HAClose[1] then begin
   var0=downcolor;
   PlotPB(_HAHigh,_HALow,_HAOpen,_HAClose,"down",downcolor);
   end;
if _HAClose=_HAClose[1] then
   PlotPB(_HAHigh,_HALow,_HAOpen,_HAClose);
```

　　投資人在使用裁縫線之前，其實有一些重點要先提醒，以免落入指標的陷阱。由於裁縫線會將 K 棒的開盤價、最高價、最低價和收盤價全部

重新編寫（詳見表 1），因此，使用者看到的 K 棒並非實際的 K 棒，如果貿然使用會發生點位不符的情形。

如果投資人直接使用 Multicharts 內建的裁縫線，會因為不清楚真實的點位而產生誤差，除非投資人完全不寫策略，否則建議使用者應該自己寫出裁縫線的公式。了解公式的來龍去脈，並知道變色的原因，才能完整使用這個指標。裁縫線的確很好用，但是它不見得適合每個人，不過，無論如何你會學到更多。

用 HA 收盤價排列高低，呈現出紅買綠賣指標

其實寫出程式碼並不難，難就難在大多的使用者只希望使用內建的方法，忽略找到定義而修改的重要性，只要將裁縫線寫成指標後，就能了解其中的奧祕，原來裁縫線的紅買綠賣，只是在 HA 收盤價的高低排列順序而已，有沒有覺得策略寫成程式碼解密後，其實也沒有那麼困難了。

如果真要使用裁縫線看盤的話，建議放在附圖（data2）來看，維持主圖（data1）使用一般正常的 K 棒，因為裁縫線算出來的開高低收並

表1 裁縫線會將開收高低價重新編寫，與真實有落差
——裁縫線的定義

類別	定義
HA收盤價	（開盤價＋收盤價＋最高價＋最低價）／4
HA開盤價	（上一個HA開盤價＋上一個HA收盤價）／2
HA最高價	最高價（最高價，HA開盤價，HA收盤價）
HA最低價	最低價（最低價，HA開盤價，HA收盤價）

非真實價，而是另外換算過，初學者如果貿然使用，可能會發生某些意想不到的錯誤。

寫出程式碼之後，因為完整知道定義，所以要使用或修改也都很方便，希望使用者能想出更多有趣的策略。

4-7 從冰火能量圖 觀察當沖籌碼策略

　　常常會聽到坊間傳聞，運用台指期的交易量能，做出多空力道的冰火能量圖，是當沖專用的大絕招，這種神奇的招式是如何做出來的呢？

　　其實冰火能量圖是運用期交所的特殊資料，並且經過演算而寫成的招式，希望每個使用者看了本單元後，都能做出這種屬於自己的冰火能量圖，接下來我將示範如何做出冰火能量圖的流程。

　　首先，要從 QuoteManager 新增商品，因此打開 QuoteManager 主程式，按下滑鼠右鍵，並且選擇❶「新增商品」→❷「從數據源取得」→❸「KWAY64V2」。

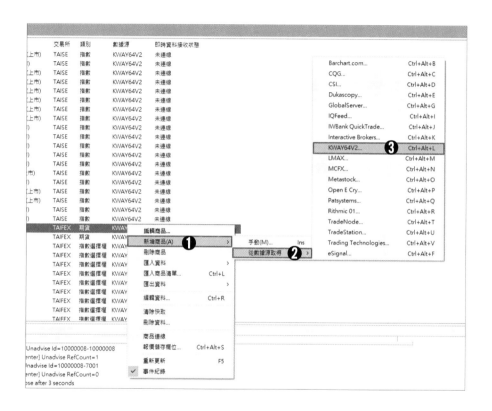

接著，開啟「新增商品至投資組合」對話框，點選❶「期貨」標籤頁，在「商品源」輸入❷「TXF」，並且按下❸「搜尋」。此時系統就會出現相關的商品，然後點選新增❹「TXF1_TA」與❺「TXF1_TB」作為指標的素材，最後按下❻「新增」。

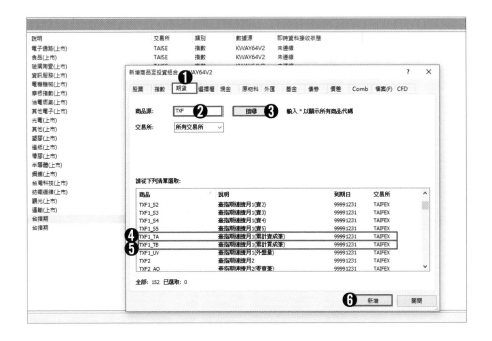

QuoteManager 的基本準備工作到此告一段落，接下來要進主程式 Multicharts 來看看剛剛新增的東西。

首先，打開 Multicharts 主程式，點選滑鼠右鍵，透過「新增商品」依序新增「台指期（TXF）」、「TXF1_TA」與「TXF1_TB」，此時系統就會呈現出如下圖的樣式。

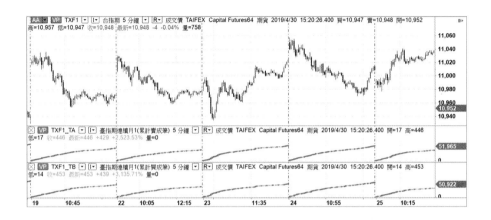

　　直接開出 TA 與 TB 只是第一步，還必須再寫出基本指標才能做出想要的冰火能量圖，而且數據要經過運算才能找到隱藏的意義，方式如下：

　　打開 PowerLanguage Editor，從新開檔案中新增「指標」，並且輸入以下的程式碼，輸入完成後記得進行「編譯」。

```
//TA-TB

var:color(white);

value1 = close of data2; //TA
value2 = close of data3; //TB
value3 = value1 - value2; //TA-TB

if value3 > 0 then color = red
  else if value3 < 0 then color = green;

plot1(value3,"TA-TB",color);
plot2(0,"zero line",blue);
```

指標編譯完成後，我們重新進入 Multicharts 主畫面來看，喜歡的話也可以自己畫出上下關鍵軸線，方法跟畫零軸一樣。此時使用者可以透過「新增指標」來打開剛剛寫好的指標，設定完成後就會有紅綠明顯的指標跑出來了（下圖紅框處）。

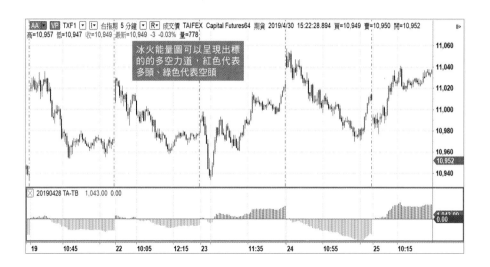

圖出來之後我們就可以再重新調整，TA、TB 可以進入「商品設定」將附圖隱藏起來，而 TA、TB 的圖，在「指標設定」處也可以改成比較能一眼看懂的柱狀圖。如此一來，完整版的「冰火能量圖──累計成交買賣筆數版本」就大功告成了，是不是對多空趨勢一目了然呀？

線圖只能用在台灣期交所，而且最好白天盤使用

雖然這種多空趨勢一目了然的指標很方便，但是，冰火能量圖有 2 個特殊限制，使用前要特別注意：

1. 只能用於台指期等國內交易，因為只有台灣期交所有提供，其他期交所沒有。

2. 用在白天盤的交易比較準，這是因為白天盤的交易量比較大，盤勢的量能動態會比較明顯，盤後時段的交易量小，點數的跳動有時候是造市自己的跳動，準確度會打折扣。

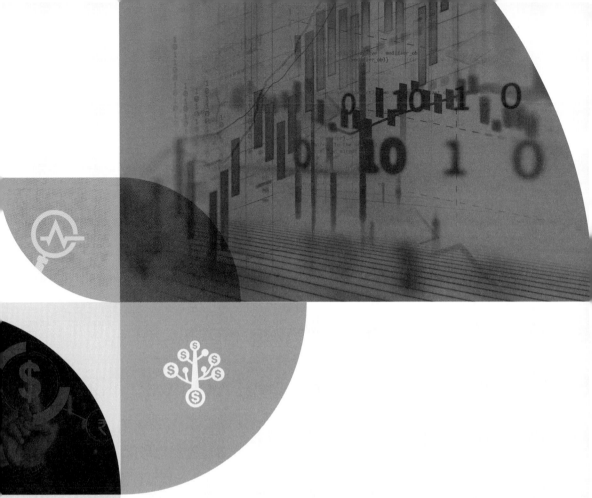

第5章

掌握基礎策略
打造賺錢頭腦

5-1 將內建策略改為正式策略

在 Multicharts 裡，其實還內建了許多基礎的策略，但是，它們都會分成做多的 LE 與做空的 SE，兩者要合起來之後才是成套的策略。以下就是 RSI 的做多（LE）與 RSI 的做空（SE）。至於合併時有什麼原則呢？其實只要使用者自己了解即可，並沒有什麼特別的規則，範例如下：

◎ RSI 做多（LE）策略

```
RSI LE
1  inputs:  Price( Close ), Length( 14 ), OverSold( 30 ) ;
2  variables:  var0( 0 ) ;
3
4  var0 = RSI( Price, Length ) ;
5
6  condition1 = Currentbar > 1 and var0 crosses over OverSold ;
7  if condition1 then
8          Buy ( "RsiLE" ) next bar at market ;
```

◎ RSI 做空（SE）策略

```
RSI SE
1  inputs:  Price( Close ), Length( 14 ), OverBought( 70 ) ;
2  variables:  var0( 0 ) ;
3
4  var0 = RSI( Price, Length ) ;
5
6  condition1 = Currentbar > 1 and var0 crosses under OverBought
7  if condition1 then
8        Sell Short ( "RsiSE" ) next bar at market ;
9
```

我們將 RSI 的做多與做空一起攤開來看，大致能看出基本的 RSI 寫法。當 RSI 值往上超過 30 則做多、當 RSI 值往下穿越 70 則做空。

◎ RSI 多空合併

```
1  inputs:  Price( Close ), Length( 14 ), OverSold( 30 ),OverBought( 70 ) ;
2  variables:  var0( 0 ) ;
3
4  var0 = RSI( Price, Length ) ;
5
6  condition1 =  var0 crosses over OverSold ;
7  condition2 =  var0 crosses under OverBought ;
8
9  if condition1 then
10       Buy ( "RsiLE" ) next bar at market ;
11
12 if condition2 then
13       SellShort ( "RsiSE" ) next bar at market ;
14
```

將兩者寫成同一個策略其實一點都不難，把握這個基礎原則，其實就能將這些成套的策略加工，寫成常見的獨立策略。不過還是要提醒各位

使用者，將 LE、SE 的兩個策略合而為一，只是寫策略的第一步而已，目的是為了要將策略修改為可以上線的版本。另外，內建的指標或訊號，其程式碼寫得很不易理解，我當年學的時候也是一個頭兩個大，因此，我先帶各位投資人寫出比較容易看懂的版本。

改寫內建多空策略，多加練習可增進功力

最後，投資人一定要記得，策略編譯完成後，也要記得進入 Multicharts 主程式去開啟圖表，看看策略的情況，唯有包含進場＋出場才算是編寫成功喔。

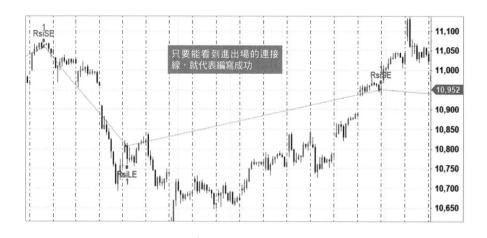

只要能看到進出場的連接線，就代表編寫成功

　　一套完整的策略，除了基本的進場之外，還會包括參數、濾網、停損、停利，使用者可以視情況給予調整，將這些都寫進同一個策略裡，主要也是方便使用者編寫。Multicharts 有許多內建的策略，強烈建議使用者要多練習幾次，從內建的 LE 與 SE 來做成套策略的改寫，熟練之後對於寫策略會很有幫助。

5-2 從文字定義寫出KD策略

　　使用 Multicharts 的人，一定都會有個疑問，也就是一般看盤軟體常用的指標，例如：KD 指標、MACD、RSI、布林通道等，在 Multicharts 裡應該都能找得到，不過，唯一沒看到的就是投資人最常使用，但是準確度又不太靈光的 KD 指標到底去哪裡了呢？

　　我特地將 KD 指標提出來，是因為它太常見了，而且 Multicharts 又有內建，不過，在 Multicharts 裡面，並不是真正的 KD 指標，而是一個有點像又不太像的 stochastic slow 指標，可是，跟真正的 KD 指標相比，始終有些不一樣（詳見下圖）。曾經有朋友詢問我，這兩種不同的 KD，誰的效果比較好，其實沒有標準答案，能賺錢的策略就是好策略。

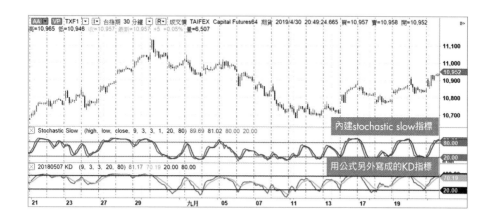

作為撰寫策略的入門，使用者可以自己嘗試做出 KD 指標。不過，在開始前我們要先知道 KD 指標的公式。我很歡迎投資人自己去 Google，因為其他沒有在 Multicharts 內建的指標，都要靠自己上網找到公式。

撰寫策略沒有捷徑，下苦功才能累積經驗值

計算 KD 指標前，要先求 RSV（Raw Stochastic Value）值，而 RSV ＝（今天收盤價－最近９天最低價）／（最近９天最高價－最近９天最低價）×１００。而Ｋ值＝前一天的Ｋ值×2/3＋當天 RSV×1/3；Ｄ值＝前一天的Ｄ值×2/3＋當天Ｋ值×1/3。如果沒有前一天的數值，可以

用 50 代替。以下就是用 KD 指標的公式，所寫出來的 Multicharts 版本
的 KD 指標。

```
input:LEN(9),M1(3),M2(3),oversell(20),overbuy(80);

vars:rsv(50),kvalue(50),dvalue(50),hvalue(0),lvalue(0);

hvalue=Highest(high,LEN);
lvalue=lowest(low,LEN);

if hvalue<>0 and lvalue<>0 then begin
 rsv=100*(close-lvalue)/(hvalue-lvalue);
 kvalue=rsv/3+2*kvalue[1]/3;
 dvalue=kvalue/3+2*dvalue[1]/3;
end;

plot1(kvalue,"Kvalue",red);
plot2(dvalue,"Dvalue",green);
plot3(oversell);
plot4(overbuy);
```

自己寫策略最好玩的地方，就在於一步一步寫出來時所累積的經驗值，
一開始看著定義來寫，可能會寫得很慢，但是，一定要練習這個步驟，
很多從均線變化出來的策略，都沒有內建在 Multicharts 裡面，必須自己
一行一行地寫出來，這種撰寫的經驗值沒有任何捷徑，希望各位使用者
都能一步一步累積自己的經驗值。

每個人看著定義來寫，應該都能寫出屬於自己版本的 KD 指標，寫出

來只是開始，一開始我會建議將公式做成指標，讓使用者能夠用眼睛看到它的變化。指標化之後，使用者才能感受到策略運作的感覺，接下來在指標策略化後，搭配指標一起來看，你才能感受到策略，而不只是單純的看績效圖表加最佳化調整而已。

```
input:len(9),M1(3),M2(3),overbuy(80),oversell(20);
var:rsv(50),Kvalue(50),Dvalue(50);

value1=close[0]-lowest(low,len);
value2=highest(high,len)-lowest(low,len);

rsv=100*value1/value2;

if value1<>0 and value2<>0 then begin
Kvalue=2*kvalue[1]/M1+rsv/M1;
Dvalue=2*dvalue[1]/M2+kvalue/M2;
end;

condition1 = Kvalue > Dvalue and Kvalue > overbuy;
condition2 = Kvalue < Dvalue and Kvalue < oversell;

if condition1 then buy next bar market;
if condition2 then sellshort next bar market;
```

策略化的步驟其實一點都不難，最簡單的方法，就是將條件以condition 來表示，再放入「if...then...」的句型中。也有一些使用者喜歡全部寫入「if...then...」之中，而自己撰寫策略的魅力就在於，全部都能客製化，最後加上買賣專用的語法，就能成功把指標變成策略訊號，也可以從圖表看到買賣進出的績效。

5-3 MACD的3大基礎策略

MACD 是一種看似簡單，其實蘊含很多招式的策略，非常適合初學者練習，首先，使用者必須先了解 MACD 的基本樣貌，以及它在 Multicharts 裡面所呈現的樣子。如果 Multicharts 軟體已經有內建公式的策略，我們只要開指標就能看到，這就是指標的優點，讓使用者清楚地知道要看的線在哪邊。而 MACD 共有 3 大基礎策略可以變化，請看以下的範例：

基本型》零軸之上做多、零軸之下做空

◎邏輯：以柱狀體為基礎，零軸為多空分界。

◎定義：柱狀體穿越零軸→做多、柱狀體跌破零軸→做空。

使用者這邊所看到的基本型策略，其實就是訊號裡面的 MACD 做多（LE）與 MACD 做空（SE）所開發出來的策略，別忘了 Multicharts 內建的指標或訊號，其實都寫得很複雜，對初學者來講不易判讀。

```
inputs:  FastLength( 12 ), SlowLength( 26 ), MACDLength( 9 ) ;
variables:  var0( 0 ), var1( 0 ), var2( 0 ) ;

var0 = MACD( Close, FastLength, SlowLength ) ;   紅色線
var1 = XAverage( var0, MACDLength ) ;   藍色線
var2 = var0 - var1 ;   兩線相減呈現的柱狀體

condition1 = var2 crosses over 0 ;
condition2 = var2 crosses under 0 ;

if condition1 then Buy ( "MacdLE" ) next bar at market ;
if condition2 then SellShort ( "MacdSE" ) next bar at market ;
```

將 2 個內建的訊號，合起來寫成完整的基礎型 MACD 策略，var0 與 var1 做成快慢線，快慢線相減之後得到 var2 的柱狀體，以柱狀體對零軸的往上穿越或往下穿越建構出我們的基礎邏輯，最後附上買賣訊號就大功告成了。

我們可以看到 condition 有寫一些條件，如果策略要寫得好，將各種條件「condition 化」是一條必經的路。一方面當然是因為整理方便，另一

方面也能讓策略運算加速。使用者可別忘了，寫完的策略要執行編譯才能用，接著回到 Multicharts 的主畫面，並且將剛剛寫好的策略套到圖表裡面，有出現買賣訊號就代表成功了，最後呈現出的圖形如下：

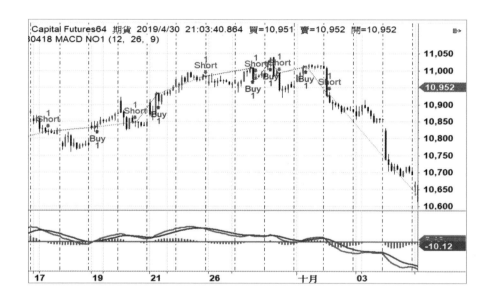

轉折型》利用OSC抓趨勢轉折

◎**邏輯**：以 MACD 的高低點反轉來抓轉折。

◎**定義**：柱狀體在零軸之上，且由高點往下→做空；柱狀體在零軸之下，且由低點往上→做多。

OSC 轉折的交易法，是 MACD 專門用來抓反轉的招式，但是，反轉本來就很難判斷，策略需要再加工才比較好用，因此，使用者要多多練習或構思其他策略語法，才能將績效不佳的策略加以強化，而 MACD 轉折型的程式碼如下：

```
inputs: FastLength( 12 ), SlowLength( 26 ), MACDLength( 9 ) ;
variables: var0( 0 ), var1( 0 ), var2( 0 ) ;

var0 = MACD( Close, FastLength, SlowLength ) ;
var1 = XAverage( var0, MACDLength ) ;
var2 = var0 - var1 ;

condition23=var2[0]<var2[1] and var2>0;
condition24=var2[0]>var2[1] and var2<0;

if condition23 then sellshort next bar market;
if condition24 then buy next bar market;
```

前半段的 MACD 基礎定義都是一樣寫法，有變化的地方，都是在後半段的 condition 條件。轉折的定義，代表往下跌，而且是從零軸以上的地方開始往下跌，因此上圖範例的 condition23、condition24，就是要寫這些條件，把條件寫完之後，再寫做多與做空的語法，而轉折型的圖形呈現如下：

趨勢型》順勢突破策略

◎**邏輯**：以 MACD 柱狀體趨勢延伸為主。

◎**定義**：柱狀體在零軸之上，且柱狀體連續創高往上→做空；柱狀體在零軸之下，且柱狀體連續創低往下→做多。

這是 MACD 的趨勢突破交易法，與原始型態最大的差別在於，加入

了順勢交易的判斷規則，透過柱狀體排列組合中，連續 3 根創高或創低，做出 MACD 順勢交易的策略。同樣是使用 MACD 的基礎，簡單示範一些基礎的交易策略，而程式碼呈現如下：

```
inputs: FastLength( 12 ), SlowLength( 26 ), MACDLength( 9 ) ;
variables: var0( 0 ), var1( 0 ), var2( 0 ) ;

var0 = MACD( Close, FastLength, SlowLength ) ;
var1 = XAverage( var0, MACDLength ) ;
var2 = var0 - var1 ;

condition31=var2[0]>var2[1] and var2[1]>var2[2] and var2>0;
condition32=var2[0]<var2[1] and var2[1]<var2[2] and var2<0;

if condition31 then buy next bar market;
if condition32 then sellshort next bar market;
```

趨勢型與基本型、轉折型最大不同的地方在於，它加入了趨勢延伸的判斷邏輯。如果以程式碼來說，就是 var2 所代表的柱狀體，在零軸之上有沒有延伸往上的多方力量，或零軸之下有沒有延伸往下的空方力量，因此，上圖程式碼範例的 condition31、condition32，就是要寫這些條件，而且把條件寫完之後，再寫做多與做空的語法，而趨勢型的圖形呈現如下：

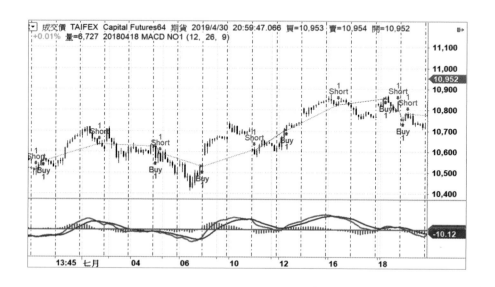

在基礎策略上進行改寫，才能成為獲利引擎

現在使用者可以開始將 MACD 策略進行再運用，也就是不照著原定的安排，用自己的邏輯去撰寫，這是自己撰寫策略非常重要的一環，因為基礎策略大多沒有特別雕琢過，而學會變化才能有效改寫，也是邁向客製化策略的第一步。

在程式交易的世界中，其實不會有所謂的「聖杯」，但是，使用者可

以透過策略的選擇與運用，來優化想要看到的績效，並且加入均線、時間、更換週期等。其實可以嘗試的東西有很多種，也都歡迎各位使用者自行嘗試，試出來就是專屬於自己的策略了。

5-4 均線是策略之母

　　均線是所有策略之母，甚至只要靠著均線也能寫出基礎的策略，但是，均線要如何加以變化呢？不要被變化兩個字嚇到，其實沒有想像中的困難，只要基礎學會就能靈活運用，而均線類型策略需要注意一些事項：

注意1》均線計算公式

　　Multicharts 所用的參數是以最近幾根 K 棒去計算，如果習慣使用 5 日線、10 日線，請記得視週期調整參數。以日線圖為例，每天只有 1 根 K 棒，如果是台指期白天盤的 5 分 K 棒，總時間 300 分鐘，總共就有 60 根 K 棒。因此，使用者要確定 K 棒使用的週期，而編寫的均線參數也要隨時調整才行。

注意2》引用K棒問題

　　如果有使用到均線，最容易用到許多根的 K 棒，但是預設開的圖都只有用到 50 根 K 棒，要記得自行調整，調整方式可以詳見 9-1。

　　以下 5 個範例，使用者可以自行撰寫看看，不要直接看答案（程式碼），未來寫策略的時候，最好也把定義寫出來，會比較好掌握，我習慣先把指標做出來一起觀察，各位使用者都可以嘗試看看。

項目	策略邏輯
範例1	10根K棒做成均線， 當收盤價突破則做多， 當收盤價跌破則做空。
範例2	5根K棒、20根K棒分別做成均線， 當5均往上穿越20均則進場做多， 當5均往下穿越20均則進場做空。
範例3	10根K棒、20根K棒、60根K棒分別做成均線， 當收盤價突破這3條均線則做多， 當收盤價跌破這3條均線則做空。
範例4	10根K棒做成均線， 當收盤價超過均線，且均線呈現上揚則進場做多， 當收盤價低於均線，且均線呈現下降則進場做空。
範例5	10根K棒、60根K棒分別做成均線， 當收盤價大於10均，且大於60均，則進場做多， 當收盤價小於10均，且小於60均，則進場做空， 當收盤價跌破10均，則多單出場， 當收盤價漲破10均，則空單出場。

　　寫答案的時候，每位使用者的寫法一定不盡相同，有些人不喜歡用 condition、value，反而喜歡用 var 來自己定義，或喜歡用 input 來參數化，這邊沒有標準答案，寫出自己習慣的格式即可。

將傳統均線「客製化」，更能掌握買賣方向

　　使用 average 的時候，有的朋友會詢問，average、averageFC 這 2 個函數到底差別在什麼地方，它們的用法幾乎一模一樣，實際的差別到底在哪裡呢？

　　所謂的 averageFC，這邊的 FC 指的是 Faste Calculate，代表以過去算出的值去頭抓尾，聽說運算會比較快。如果 averageFC 裡面用的是不確定的變量，那就全部使用 average 比較不會有問題。

　　由於常需要上國外網站找資料，會發現許多新的指標也都會參考到均線，差別真的就在於各種計算方法不同而已，有些是對 K 棒的開高低收重新加工，做出新的數值。現在 Google 很便利，使用者有機會也可以自己尋找看看。

項目	解答

範例1
答案
	``
	value1 = average(close,10);
	
	if close cross over value1 then buy next bar market;
	if close cross under value1 then sellshort next bar market;
	``

範例2
答案
	``
	value1=average(close,5);
	value2=average(close,20);
	
	condition1 = value1 cross over value2;
	condition2 = value1 cross under value2;
	
	if condition1 then buy next bar market;
	if condition2 then sellshort next bar market;
	``

範例3
答案
	``
	value1 = average(close,10);
	value2 = average(close,20);
	value3 = average(close,60);
	
	condition1=close>value1;
	condition2=close<value1;
	condition3=close>value2;
	condition4=close<value2;
	condition5=close>value3;
	condition6=close<value3;
	
	if condition1 and condition3 and condition5 then
	buy next bar market;
	if condition2 and condition4 and condition6 then
	sellshort next bar market;
	``

範例4
答案
	``
	value1 = average(close,10);
	
	condition1 = close>value1 and close[0] > close[1];
	condition2 = close<value2 and close[0] < close[1];
	
	if condition1 then buy next bar market;
	if condition2 then sellshort next bar market;
	``

範例5
答案
	``
	value1=average(close,10);
	value2=average(close,60);
	
	if close> value1 and close>value2 then
	    buy next bar at market;
	if close< value1 and close<value2 then
	    sellshort next bar at market;
	
	//stoploss
	if close< value1 then
	    sell next bar at market;
	if close> value1 then
	    buytocover next bar at market;
	``

　　以上這些只是最基本的均線，喜歡的話使用者還可以去改造，例如將 K 棒高點連起來變成均線；例如不用傳統收盤價，改用最高價加最低價除以 2，或最高價加最低價加兩個收盤價再除以 4 等變化型，這些都可以自由發揮，將各種的想法加以客製化，才是自己寫程式交易語言最迷人的地方。

⑤-⑤ K棒型態排列與開盤八法

很多使用者都在說明會時提問，能不能從型態學的角度來寫程式交易，我一定都會這麼回答：「型態學是主觀交易非常重要的判斷法，但是用在程式交易都需要特別編寫才行，有些甚至不見得寫得出來。」

透過開盤前 3 根 K 棒，判斷當天盤勢方向

型態學也是以歷史 K 線圖為基礎，但是必須加入交易者的主觀認定。例如：頭部、底部、M 頭、W 底、收斂三角、發散三角等等，如果沒有一定的股市基本功，要模仿起來是非常困難。不過，我還是為大家簡單以 K 棒型態，介紹一個基本的股市知名策略──開盤八法。

所謂的開盤八法，是以當天開盤前 3 根 K 棒的排列組合，當成進場的依據，屬於當沖類型的策略，而這 3 根 K 棒可以排列出 8 種組合，每種組合都有對應的多空策略（詳見表 1）。

有了基本策略之後，主觀交易的朋友當然可以再加一些自己的濾網，例如：KD 指標必須黃金交叉，或開高才做多，或 10 日均線之上才做多。但是，如果要變成程式交易語法，就必須要把策略定義寫入，這才是真正的程式交易。以下將開盤八法的原型寫出來，寫成程式碼的話會長成下面的樣子：

```
1  if time<=0900 then begin
2    condition1=close[0]>close[1] and close[1]>close[2] and close[2]>open[2];//RRR
3    condition2=close[0]<close[1] and close[1]<close[2] and close[2]<open[2];//GGG
4    condition3=close[0]>close[1] and close[1]<close[2] and close[2]<open[2];//GGR
5    condition4=close[0]<close[1] and close[1]>close[2] and close[2]>open[2];//RRG
6    condition5=close[0]>close[1] and close[1]>close[2] and close[2]<open[2];//GRR
7    condition6=close[0]<close[1] and close[1]<close[2] and close[2]>open[2];//RGG
8    condition7=close[0]>close[1] and close[1]<close[2] and close[2]>open[2];//RGR
9    condition8=close[0]<close[1] and close[1]>close[2] and close[2]<open[2];//GRG
10   end;
```

使用 condition 來判斷排列組合，並且使用斜線註解，以幫助使用者判斷所寫出來的東西，由於一次要寫 8 種 condition，很有可能自己也會

表1 3根紅K棒所構成的型態是最佳進場時機
——開盤八法介紹

排列組合	K棒圖示	多空判斷	排列組合	K棒圖示	多空判斷
紅紅紅		做多	綠紅紅		做多
綠綠綠		做空	紅綠綠		做空
紅紅綠		做多	紅綠紅		做多
綠綠紅		做空	綠紅綠		做空

看到眼花，因此適度在句尾加入註解，就能讓使用者方便判讀。因為我們用的是 5 分線，所以這邊寫成「If time < = 0900 then begin」，如果你喜歡 10 分線的話，也可以自己調整，或使用 input 參數化。如果用 8 種 condition 判斷條件，再將這些條件加入做多與做空的語法，相關語法呈現如下：

```
12  if time=0900 and marketposition=0  then begin
13      if condition1 then buy("Buy type1") next bar at market;
14      if condition2 then sellshort("short type1") next bar at market;
15      if condition3 then sellshort("short type2") next bar at market;
16      if condition4 then buy("Buy type2") next bar at market;
17      if condition5 then buy("Buy type3") next bar at market;
18      if condition6 then sellshort("short type3") next bar at market;
19      if condition7 then buy("Buy type4") next bar at market;
20      if condition8 then sellshort("short type4") next bar at market;
21      end;
22
23  //Day trade//
24  If time>=1300 and marketposition<>0 then Begin
25  sell("end typeB") next bar at market;
26  buytocover("end typeS") next bar at market;
27  End;
```

有了負責判斷的 condition 後，要寫策略就方便很多，因為這是當沖策略，所以還要寫入一個基礎的出場邏輯，這樣策略才算完成，而開盤八法的圖形呈現如下：

　　當然使用者可以自行外加條件，或停損停利。雖然目前的條件只是基本骨架而已，但是，蓋房子不是只有梁柱，還要砌牆、粉刷、加門窗等，有了基本的主體之後，其他的創作就是大家的自由了。

5-6 突破策略之固定突破

　　在各式各樣的基礎策略裡面，除了常見的指標型策略，例如：KD 指標、MACD、RSI、SAR 等之外，最常被使用的要算是突破策略（Break Out，簡稱 BO 策略），而 BO 策略的基本原理，是突破某段的高點或低點後，進場做多或做空。

進場前須先界定高低點，才能找出箱型區間

　　突破策略要先設定出區間的箱型，如果是一般看盤軟體的 K 線圖，主觀型的投資人應該很容易自己畫線標示出來，但是，程式交易不同，它需要將「最高點、最低點、開始時間、結束時間」這 4 條界線完全定義

出來，而且每次的交易都要用這個框框去執行，這就是程式交易與主觀交易最大的差別。

舉例來說：程式交易的突破，必須事先就界定出框架來，不能今天使用昨天的高低點，明天用前 1 小時的高低點，後天使用前 4 小時的高低點，因為程式必須每次都要使用同樣的區間。這也就是主觀交易的型態學或波浪理論等招式，很難運用在程式交易的原因，因為「主觀」跟「程式」有可能會相互牴觸。

固定突破是突破策略基礎中的基礎，簡單來説，就是畫好一個高低的值，突破之後做多或做空，其程式碼與圖形如下：

```
input:HH(9),LL(9);

if time = 0930 then begin
value1=highest(high,HH);
value2=lowest(low,LL);
end;

plot1(value1,"HH",red);
plot2(value2,"LL",green);
```

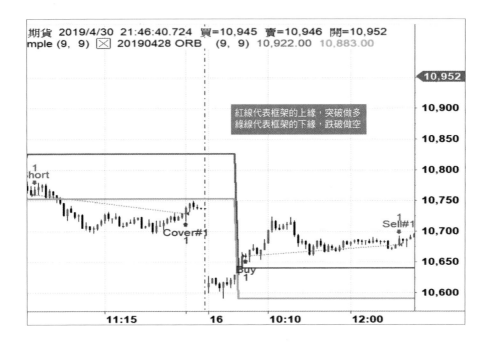

期貨 2019/4/30 21:46:40.724 買=10,945 賣=10,946 開=10,952
mple (9, 9) ☒ 20190428 ORB (9, 9) 10,922.00 10,883.00

紅線代表框架的上緣，突破做多
綠線代表框架的下緣，跌破做空

突破策略只有進場邏輯，因此須另外寫出場邏輯

　　撰寫策略的時候一樣必須先從畫出指標開始，固定突破需要畫出固定
不動的 2 條線，這個指標是做出 8 點 45 分至 9 點 30 分這 45 分鐘內
的最高點與最低點。畫出線後，使用者就能開始寫策略，而相關策略的
程式碼如下：

```
input:HH(9),LL(9);

if time = 0930 then begin
value1=highest(high,HH);
value2=lowest(low,LL);
end;

if time > 0930 and time < 1200 then begin
if close > value1 then buy next bar market;
if close < value2 then sellshort next bar market;
end;
//stoploss
if marketposition <> 0 then begin
sell next bar at entryprice-30 stop;
buytocover next bar at entryprice+30 stop;
end;
//end today
if time = 1300 then begin
sell next bar market;
buytocover next bar market;
end;
```

　　與 KD 指標、MACD 等技術指標略有些不同，我特別增加了停損語法
與定時出場，並且用「//」來區分，寫的原因是因為突破策略不像指標
策略，有明確的出場或反手訊號，突破策略只會有進場邏輯，如果沒有
給出場邏輯的話，策略會出現邏輯錯誤的問題。

　　固定突破只是突破策略的基礎，還有很多高級的應用方法，例如：
CDP、Pivot Point 等，各位使用者有機會都可以嘗試看看。

5-7 突破策略之移動突破

　　移動突破是突破策略的變化型，跟固定突破最大的差別就在於，它的高低點並非固定，是隨著時間變化或行情波動而改變，只要掌握要點，還是可以寫出我們想要的策略，而移動突破所呈現出來的圖示如下：

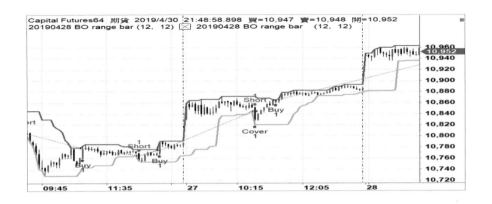

```
input:HH(12),LL(12);

value1=highest(high,HH);
value2=lowest(low,LL);

plot1(value1,"HH",red);
plot2(value2,"LL",green);
```

先用指標把線畫出來，看圖就會發現高低點變成非固定式，因為這是從 5 分線的圖去找最近 60 分鐘的最高點與最低點，所以高低值的線滿滿包覆著 K 線圖，這個時候的下單方法也需要做調整。

```
input:HH(12),LL(12);

value1=highest(high,HH);
value2=lowest(low,LL);

buy next bar value1 stop;
sellshort next bar value2 stop;

//stoploss
if marketposition <> 0 then begin
sell next bar at entryprice-30 stop;
buytocover next bar at entryprice+30 stop;
end;
```

與固定突破最大的不同在於，移動突破進場的寫法改變了，之前寫的都是 next bar market（以下一根 K 棒市價進場），不過，這邊卻是用

next bar value1 stop（碰到價格去追價進場）。我們當然還能變化出不一樣的寫法，各位使用者不妨自己試看看，每個寫法其實都對應不同的情況，Multicharts 的策略撰寫不是練習完這些主題就好，還需要自己嘗試變化。

⑤⑧ 期現貨之正逆價差策略

所謂的價差策略（或配對交易），只要是可以和其他商品相比的，全部都屬於價差策略，例如：台指期 vs. 美元匯率、台指期 vs. 小道瓊波動率等，只要能比出東西，就能算是價差策略。

若期貨價格大於現貨，將拉抬大盤上漲

常見的價差策略，大多是商品與商品之間有特殊價差，例如：原油裂解價差、黃豆擠壓價差、台指與摩台價差、期貨現貨價差、金電價差等，使用者都可以去測試。而我們就以股市基本的期貨、現貨正逆價差策略為例：

正價差＝期貨＞現貨→多頭走勢

逆價差＝期貨＜現貨→空頭走勢

由於傳統上認為期先價行，也就是說，當期貨價格大於現貨價格（加權指數）的時候，加權指數會呈現多頭，因此，正價差的時候應選做多；當出現逆價差的時候，代表期貨率先轉為空頭，因此逆價差的時候要選擇做空，這是股市裡面非常基礎的策略。如果寫成策略的話，請參照下方的程式碼：

```
//data1 TXF day , data2 TWSE day

var:TTspread(0);

value1 = close of data2;
TTspread = close - close of data2;

if TTspread > 0 then buy next bar market;
if TTspread < 0 then sellshort next bar market;
```

將策略在 PowerLanguage Editor 這邊編譯好之後，我們回到 Multicharts 主程式來看看實際狀況，由於本策略同時參考 2 個商品，除了第 1 張圖要開台指期，要再另外新增加權指數的參考商品。

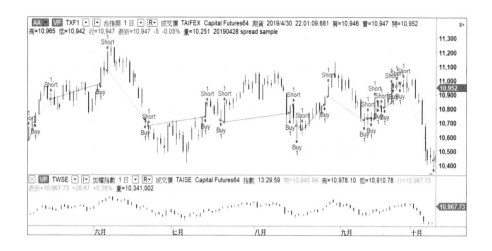

　　圖 1 的日線策略績效挺驚人，它證明不是所有的流言都是正確的，但是，這種一路往下的策略其實也不錯。讓我們將正逆價差重新調整過，看看會不會有好的表現，而調整完畢的程式碼如下：

```
//data1 TXF day , data2 TWSE day

var:TTspread(0);

value1 = close of data2;
TTspread = close - close of data2;

if TTspread < 0 then buy next bar market;
if TTspread > 0 then sellshort next bar market;
```

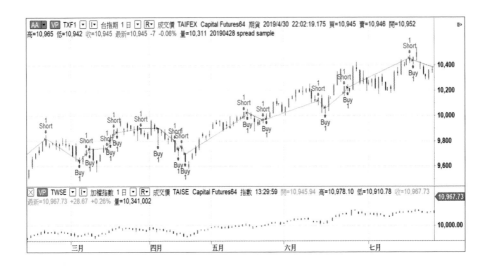

只要稍微改寫關鍵處，績效指標就會負轉正

　　修改策略其實真的不難，可能只要 1 分鐘就能完成，這也是自己寫策略的魅力所在。但是，看似簡單的調整，也必須經過長時間的練習才能上手。

　　另外，期現貨正逆價差策略，並非每個商品都適用，實務來說，國外現貨商品的報價就難以入手，因為國外交易所不見得像台灣的交易所一

圖1 **運用不同正逆價差操作，可以讓投資績效反轉**

◎正價差做多、逆價差做空

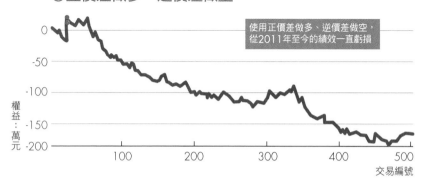

使用正價差做多、逆價差做空，
從2011年至今的績效一直虧損

權益：萬元

◎正價差做空、逆價差做多

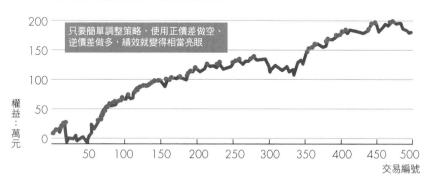

只要簡單調整策略，使用正價差做空、
逆價差做多，績效就變得相當亮眼

權益：萬元

資料來源：凱衛資訊 Multicharts 軟體

241

樣佛心，國外的現貨報價要付費才能使用，能找到的很多都是延遲報價。除非你的資金足夠，能購買 eSignal 等級的專業報價，否則國外商品的交易你就必須另外思考招式了。

　而價差交易與傳統的指標型到底差在什麼地方呢？雖然績效好就代表策略好，但是，因為顧慮到與另外一個商品之間的連動關係，所以價差交易策略有時候會在意想不到的地方進場與出場，與傳統單一商品交易的思維邏輯有很大的不同，能降低多策略之間的相關性，更高段的使用者甚至還能做到發散、收斂價差等不同招式，據說法人等級的機構還滿喜歡這種價差交易，各位使用者有機會也可以研究看看。

通道類型之基本策略：
以布林通道為例

　　通道類型的策略在股市非常有名，每個看盤軟體基本上都能看到布林
通道（BBand），用公式求出上通道與下通道之後，使用者就能因應通
道做出各式策略變化，而布林通道的示意圖如下：

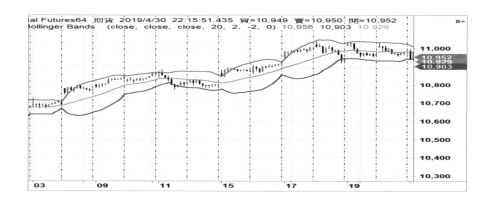

　　布林通道所勾勒出的上下通道，隨著策略的變化，都可以寫出不同的策略去運作，最常見的種類是布林通道、凱勒通道、高低通道、真實區間通道、價格通道等，策略也非常多元，很多逆勢型的策略都可以用這個方法嘗試看看。

項目	描述
策略1	突破上通道→多單進場；跌破下通道→空單進場
策略2	突破上通道→空單進場；跌破下通道→多單進場
策略3	跌破上通道→多單進場；突破下通道→空單進場
策略4	跌破上通道→空單進場；突破下通道→多單進場

　　這邊呈現出布林通道策略 1 的程式碼，value1、value2 分別做成上通道與下通道，收盤價突破上通道做多，跌破下通道做空。

```
1  inputs:TestPriceLBand( Close ),Length( 20 );
2  inputs:NumDevsUp( 2 ),NumDevsDn( 2 );
3
4  value1 = BollingerBand( Close, Length, NumDevsUp ) ;
5  value2 = BollingerBand( Close, Length, -NumDevsDn ) ;
6
7  if close cross over value1 then buy("type 1B") next bar at market;
8  if close cross under value2 then sellshort("type 1S") next bar at market;
```

策略用 Multicharts 內建訊號來調整即可，關鍵的 input 可以修正成自己喜歡的名字，上下通道所用的 value1、value2 也可以用 var 去改名字。另外，使用者只要加入基本的停損，整個策略就算完成了。

策略 2、策略 3、策略 4 的寫法其實也不難，只是 3 個條件做排列組合，也許實務上布林通道應該只會有策略 1 跟策略 2，這 2 個比較能符合常理，策略 3、策略 4 只是順帶寫的，搞不好還能用在其他通道策略上也說不定。

```
if close cross over value1 then sellshort("type 2S") next bar at market;
if close cross under value2 then buy("type 2B") next bar at market;

if close cross under value1 then buy("type 3B") next bar at market;
if close cross over value2 then sellshort("type 3S") next bar at market;

if close cross over value2 then buy("type 4B") next bar at market;
if close cross under value1 then sellshort("type 4S") next bar at market;
```

其實，寫策略最麻煩的地方，就是在反覆測試各種條件，這種測試與調整的過程，就需要依賴交易的各種招式，唯有大量的練習與運用，才能熟能生巧。

5-10 策略如何加減碼？

寫策略的時候，依照下單口數與進場時機，可以分為 4 種模式，分別是點進點出、面進點出、點進面出、面進面出，本篇僅就基礎的部分說明，描述如下：

模式1》點進點出

在 Multicharts 軟體裡面所預設的訊號，其實就是加減碼策略中的點進點出，而所謂的點進點出，意思就是使用者每次的進場或出場，都只下 1 口單的意思。由於在圖表上會看到進場與出場的績效線，因此，投資人就以點進點出來稱呼它，而它也是程式交易所有的策略中，最基礎的模式。

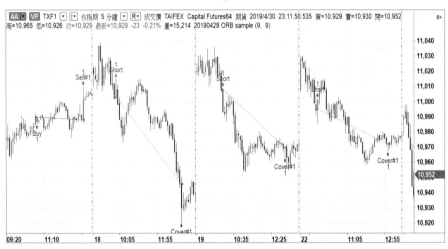

模式2》面進點出

代表滿足條件後，每次出現符合條件的情況都會進場，但是部位出場的時候，會同時平倉出場，依據使用者設定不同，又可以區分為同訊號與不同訊號兩種模式，其範例語法、設定以及圖示如下：

上面打勾的項目，代表可以容許幾口同向的部位，也就是能加碼幾口的意思，要寫幾口請看自己的資金狀況，因為我們並非有無限資金來交易，通常選 3 口就很多了，而實際運用時，請依自己的策略需求做調整。

◎同訊號面進點出

至於不同訊號的面進點出，需要連程式碼一起調整，相關圖示如下：

```
condition1 = close[0]>open[0];
condition2 = close[0]>open[0] and close[1]>open[1];
condition3 = close[0]>open[0] and close[1]>open[1] and close[2]>open[2];

if time>0905 and time<1000 then begin
if condition1 then buy("b1") 1 contracts next bar market;
if condition2 then buy("b2") 1 contracts next bar market;
if condition3 then buy("b3") 1 contracts next bar market;
end;

if marketposition<>0 then begin
sell("s1") 1 contracts next bar entryprice+30 limit;
end;

if time=1300 then sell next bar market;
```

◎不同訊號面進點出

模式3》點進面出

　　代表我們的進場是同時進場，但是不會同時出場，而是採取分批出場
的方式，這種方法比較適合資金部位比較充足的投資人，有的時候進場
之後，第 1 口單的進場週期比較短，而另 1 口單的風險設定比較大，抱
單時間比較長，有機會獲取比較大的報酬，而點進面出的 Multicharts 設
定方式如下：

　　另外，使用者可以用下頁的程式碼，當成點進面出的範例，進場的 buy 單一次進場 3 口，因此加入「3 contracts」。分段出場方面，分別在賺 30 點、40 點與 50 點的時候出場，如果單純寫出場的話，會跟正常的「點出」一樣，沒有特別的效果，因此才要每段的出場都特別設定。在口數後面加入特殊單字「total」，代表一次只會執行 1 口，這樣才能讓程式做到分段出場。

```
 2  condition1 = close[0]>open[0];
 3
 4  if time>0905 and time<1000 then begin
 5  if condition1 then buy("b1") 3 contracts next bar market;
 6  end;
 7
 8  if marketposition<>0 then begin
 9  sell("s1") 1 contracts total next bar entryprice+30 limit;
10  sell("s2") 1 contracts total next bar entryprice+40 limit;
11  sell("s3") 1 contracts total next bar entryprice+50 limit;
12  end;
13
14  if time=1300 then sell next bar market;
15
```

策略編譯完成後，打開 Multicharts 將會看到呈現的圖示如下：

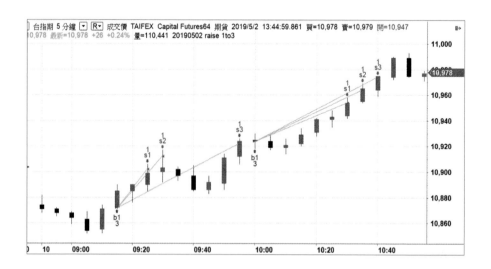

模式4》面進面出

代表滿足條件之後，每次訊號符合都會進場，但是，出場的時候不會同時出場，而是採取分批出場的方式，另外，依據使用者的設定不同，又可以區分為同訊號與不同訊號兩種模式，其範例語法、設定以及圖示如下：

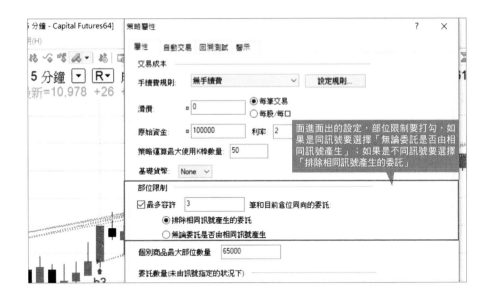

另外，使用者還可以利用下頁的程式碼，當成同訊號面進面出的範例，其語法和點進面出完全一樣，差別在於部位限制的加碼管理而已。

◎同訊號面進面出程式碼

```
 1  condition1 = close[0]>open[0];
 2
 3  if time>0905 and time<1000 then begin
 4  if condition1 then buy("b1") 3 contracts next bar market;
 5  end;
 6
 7  if marketposition<>0 then begin
 8  sell("s1") 1 contracts total next bar entryprice+30 limit;
 9  sell("s2") 1 contracts total next bar entryprice+40 limit;
10  sell("s3") 1 contracts total next bar entryprice+50 limit;
11  end;
12
13  if time=1300 then sell next bar market;
14
```

◎同訊號面進面出圖示

至於不同訊號的面進面出，除了部位限制需要設定之外，程式碼也需要一起調整，這裡的程式碼只是範例語法，也還有其他不同的寫法，有興趣的投資人可以自行研究，範例語法與圖示設定如下：

◎不同訊號面進面出程式碼

```
condition1 = close[0]>open[0];
condition2 = close[0]>open[0] and close[1]>open[1];
condition3 = close[0]>open[0] and close[1]>open[1] and close[2]>open[2];

if time>0905 and time<1000 then begin
if condition1 then buy("b1") 3 contracts next bar market;
if condition2 then buy("b2") 3 contracts next bar market;
if condition3 then buy("b3") 3 contracts next bar market;
end;

if marketposition<>0 then begin
sell("s1") 1 contracts total next bar entryprice+30 limit;
sell("s2") 1 contracts total next bar entryprice+40 limit;
sell("s3") 1 contracts total next bar entryprice+50 limit;
end;

if time=1300 then sell next bar market;
```

◎不同訊號面進面出圖示

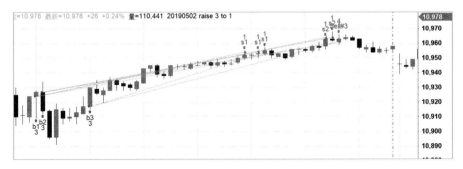

　　加減碼類型的策略，是策略撰寫中最後才會推薦學習的步驟，如果時機使用得當，一次就能得到非常高的獲利，但是，貿然使用加碼邏輯，很容易遍體麟傷，建議先從撰寫基本策略開始。

第 6 章

寫出進階策略
增加獲利機會

6-1 停損與停利策略

正所謂「會進場是徒弟，會出場才是師傅」，初學者學習程式交易的時候，往往埋首於各式各樣的策略開發，而停損與停利的基本功，卻常常會被忽略。使用者開發策略的時候為了進場點的判斷，或條件濾網的設定，往往寫了數十行甚至數百行的程式碼，但是，交易永遠沒有聖杯，適度的停損、停利，在交易的路上才能走得更長久。

其實停損與停利沒有想像中困難，策略寫好之後，視使用時機而定，都能夠反覆使用。如果停損、停利寫得好，很多策略的績效表現都能適度地提升，各位投資人千萬別小看它。另外，停損、停利依照寫法不同，大致可以分為固定式策略與移動式策略兩種（詳見表 1）。

表1 移動式停損停利點位，會隨著績效上升而移動
——固定式停損停利與移動式停損停利

固定式策略	移動式策略
1.撰寫簡單 2.進場之後就決定好出場位置 3.視實際使用情況，可以分為定點、時間等不同方式來調整	1.撰寫與判斷須經驗累積 2.隨著績效上升而移動出場點 3.視實際使用情況，可以依進場、指標等不同方式來運算

固定式》進場後就決定好固定的出場點位

　　所謂的固定式停損停利策略，意思是投資人的策略多單或空單進場後，就已經決定好出場點位，它用起來既簡單又方便，我在撰寫策略的時候，常常順手就將固定式停損停利放進程式碼中。

　　而固定式的停損或停利，是策略出場法之中最基本型的一種，投資人可以視情況調整成「固定點數」或「百分比」的形式，只要使用簡單的加減乘除就能有不錯的效果，正所謂「simple is the best」，各位使用者寫基本策略時可別忘了，而其程式碼如下：

```
  程式碼意思是，只要有多單或空單在手，就會執行出場條件，多單或空單停損60點，停利300點
1
2  //stop loss profit
3  input:SL_B(60),SL_S(60),SP_B(300),SP_S(300);
4  if marketposition <>0 then begin
5     sell("SL_B") next bar entryprice-SL_B stop;
6     buytocover("SL_S") next bar entryprice+SL_S stop;
7     sell("SP_B") next bar entryprice+SP_B limit;
8     buytocover("SP_S") next bar entryprice-SP_S limit;
9        end;
```

移動式》出場點位會隨績效提升而改變

　　固定式的停損停利，都只能算是基礎而已，因為出場點位架設好了就不會改變，但是，實際交易的情況也是如此嗎？除了進場之後的固定式停損停利之外，策略獲利 50 點、100 點、200 點之後，也還是使用固定式就夠用了嗎？

　　這時移動式停損停利策略就很重要，在標的拉回幅度太大時，也能提前落袋為安，不過，也有可能會因為下單商品的跳動太劇烈，而導致太容易達到出場條件，這中間的取捨，只能使用者自己抉擇，用的時機需要多多測試才行，而移動式停損停利策略大致可以分為「多空對翻型」、

「移動型」與「指標型」，分析如下：

種類1》多空對翻型

有些策略只有多空對翻，其實這也是一種停損兼停利的表現，如果寫得好，甚至不輸有寫停利的策略，例如：黃金交叉後做多，死亡交叉後做空。誰知道多單能抱到什麼時候，也許進場後等了 2 週，等到結算才出場也說不定。

種類2》移動型

最簡單的移動型停損停利策略，是沿著上升趨勢線或下降趨勢線，等股價跌破最近 1 根 K 棒後再跌 10 點出場，也可以依照使用情況自行調整，不見得只用 1 根 K 棒，3 根、5 根，其他撰寫方法也能自行測試。

> 程式碼的意思是，只要有多單或空單在手，就會執行出場條件，當價格跌破（漲破）最近1根K棒再多10點，則多單或空單停利出場

```
14  //move stop profit
15  if marketposition <> 0 then begin
16      sell("back_B") next bar at lowest(low,1)-10 stop;
17      buytocover("back_S") next bar at highest(high,1)+10 stop;
18  end;
```

種類3》指標型

指標不是只能用來進場而已，將 buy、sellshort 這 2 個單字替換成 sell、buytocover 其實也可以，千萬不要先入為主就認定指標一定是進場專用，這樣會造成畫地自限，少了靈活變化的機會，各位使用者可以自己嘗試。

程式碼的意思是，用內建的RSI訊號來改寫，只要滿足條件1或條件2，就會平倉出場。各位投資人可以自行換成MACD、布林通道等

```
 1  inputs: Length( 14 ), OverSold( 30 ), OverBought( 70 ) ;
 2  variables:  var0( 0 ) ;
 3
 4  var0 = RSI( close , Length ) ;
 5
 6  condition1 = var0 cross over OverSold ;
 7  condition2 = var0 cross under OverBought ;
 8
 9  if condition1 then
10  sell ( "RsiSell" ) next bar at market ;
11
12  if condition2 then
13  buytocover ( "RsiCover" ) next bar at market ;
14
```

設定適當停損停利，才能有效提升績效

除了上述兩種停損停利法之外，其實 Multicharts 也有內建停損停利的

指令，它們是以 set 開頭的單字為主，讓使用者以非常簡單的方式執行出場，而相關函數如下：

函數	意義	範例
Setstoploss	函數停損	Setstoploss(5000) →停損5,000元
Setprofittarget	函數停利	Setprofittarget(10000) →停利1萬元
Setbreakeven	損益兩平	Setbreakeven(5000)→賺5,000元後，拉回損益兩平則出場
Setdollartrailing	高點拉回	Setdollartrailing(3000) →從最高點拉回3,000元則出場
Setpercenttrailing	高點拉回百分比	Setpercenttrailing(10000,50) →賺1萬元後，拉回50%則出場

　　set 系列的函數雖然簡單又好用，但是，因為這類型的停損停利語法，會把每一個 tick 都當成 close（收盤價）來運算，所以，如果沒有使用細部回測（詳見 9-8），績效會有過度美化的情況。此外，set 系列的停損停利函數，會直接偵測部位的獲利狀況，如果所撰寫的策略有特別針對多空部位來分別調整，例如多單獲利 100 點就會出場、空單獲利 200 點才會出場，這種多空不同的情況，就不能使用 set 系列函數，在這方面一般語法的靈敏度就比較好。

　　set 系列函數當然也可以另外改寫成一般的語法，只要將獲利的點數用另外寫函數的方法來取代即可，這邊就讓各位朋友自己練習吧。

　　停損與停利的設定其實非常微妙，設得好可以守住獲利又減少虧損，設得不好反而會對策略造成減分，而多空特性又很微妙，股市有緩漲急跌的特性，多頭的時候像爬樓梯一樣，空頭的時候卻像是溜滑梯，屬性各有不同。我所認識的高手中，甚至有人會多單與空單分開來寫，只能說停損停利看似簡單，卻是策略的最後一塊拼圖，各位使用者別只顧著進場策略，而忽略了出場，這會對績效大打折扣喔。

6-2 程式碼要如何Debug？

從無到有寫出程式碼，對新手來說是非常困難的事情，最好先從「照抄」開始，就像練習書法一樣，也是從臨摹大師的作品下手。而市面上有關程式交易的書籍，建議先從張林忠老師的《分析師關鍵報告 2：張忠林教你程式交易》開始著手。初學者大約試個 10 篇左右，就能對寫程式交易語言有基本的手感。但是，自己看書來寫，很容易碰到自己打得很認真，卻不知道哪邊打錯的情況。

自行幫程式 Debug，是通往高手的必經之路

Debug 是每位 Multicharts 使用者必經之路，但是，絕對不能找別人來

幫忙，因為每個人寫程式碼的功力不一，而且要看懂程式碼需要花時間，更別說大家的寫作習慣與慣用格式都不同，因此，如果有錯誤的話，應該試著自己排除。而下圖是某位新手客戶看書撰寫策略時，實際發生的案例：

```
 1  input:tt(1045);aa(60);sl(0.005);  ◀ 錯誤1
 2
 3  var:dif(0),dem(0),xmacd(0),dh(0),dl(0);
 4
 5  if time=tt then begin
 6    dh=hightd(0);  ◀ 錯誤2
 7    dl=lowd(0);
 8  end;
 9
10  dif=macd(vlose,13,26);  ◀ 錯誤3
11  dem=xaverage(dif,9);
12  xmacd=dif-dem;
13
14  if dif cross over dem then begin
15
```

從上圖中投資人可以發現，程式碼裡面有很多顏色的字，我們可以先不管那些顏色的意義，唯一要知道的就是，灰色代表無意義，也就是可能錯誤的地方，而程式 Debug 的基本原則，就是要先從程式碼中灰色的部分開始下手。

錯誤 1》 input:tt(1045);aa(60);sl(0.005);

說明：這段問題在於「；」只能用在每行的最後，中間的分隔都要用「，」連接。

正解：input:tt(1045),aa(60),sl(0.005);。

錯誤 2》 dh=hightd(0);

說明：多打了一個「t」。

正解：dh=highd(0)。

錯誤 3》 dif=macd(vlose,13,26);

說明：拼錯字，close 才對。

正解：dif=macd(close,13,26);。

程式碼中灰色部分，就是程式錯誤的地方

Multicharts 所使用的 PowerLanguage，是一種只能用在 Multicharts 裡面的機械語言，寫出正確的文字才會讓文字變色，寫出正確的順序才能讓程式碼有意義，也才能編譯成功。不過，出現錯誤的灰色字的編譯問題，只能算是 Debug 最基礎的部分，因為這只是基本單字不熟。而有些錯誤是別人的語法中有引用到某個函數，而你只是複製貼上的版本，

沒有某函數的話，當然也無法編譯成功，因此，在 Debug 之前，要先把函數正確輸入才行。

如果說編譯沒有成功，而且編譯後游標所停下來的地方，也看不出有任何明顯的錯誤的話，使用者應該如何處理呢？

首先，游標停下來的附近，一定有錯誤的地方。以下圖為例，游標停在「then」的「t」，不過，真正的錯誤卻是在上一行「highd(0」少了後面的括弧「)」。這類型的錯誤最好能免則免，否則對初學者會產生很大的挫折感。

```
28
29  if time<1315 and condition2=true and low<=dl
30      and low > highd(0-1.5*avgtruerange(aa)
31      and xmacd<=0 then
32      sellshort next bar at lowest(low,3)-1 stop;
33
n 31    Col 16    Ch 16  SAVED

請稍候....
------ 編譯時產生錯誤:......
syntax error, unexpected 'then', expecting ')'
line 31, column 15
```

難道 Debug 只需要注意這些嗎？當然不是，最可怕的錯誤是根本找不到在哪裡，只能用經驗去挖掘。盡可能避免一些常見的小錯誤，程式編譯成功的機率就能大幅提升。寫出正確的程式碼並且順利編譯，都只能算是寫程式的基本功而已。

邏輯錯誤的 Debug 才是真正考驗實力

真正在開發程式交易策略時常會碰到的問題，絕大部分都是編譯成功後，但是訊號沒有出來，或訊號所出現的位置不對。要解決這類邏輯錯誤的問題，才會是最麻煩的地方，因為這種錯誤只能靠自己的經驗來Debug。以下都是我所遇到的實際案例，也許高手們不會犯這種簡單的錯誤，但是希望初學者能從我的錯誤中學習到經驗。

案例1》

之前曾經修正一段程式碼，從頭到尾寫得都沒有問題，訊號也有跑出來，但是兩個平倉的語法，有一段平倉效果就是沒有出來，結果發現是「begin...end」的內外問題，不是傳統的數量不對。我花了好一番功夫才發現，是某個 end 位置錯誤，導致程式判斷錯誤（下圖非原案例）。

◎錯誤位置與圖形

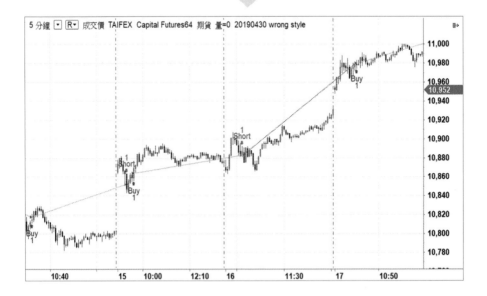

```
if time > 0905 and time < 1000 then begin
    buy next bar highest(high,4) stop;
    sellshort next bar lowest(low,4)stop;

if marketposition <> 0 and time=1300 then begin
    sell next bar market;
    buytocover next bar market;
    end;
    end;  ◀ end放在錯誤的地方
```

◎正確位置與圖形

案例2》

第一次撰寫以量為主體的策略時，我很單純的認為，量就是 volume，結果出來的圖形策略怎麼看怎麼怪，爬了許多文章才找到原因，原來是分線為主體時，volume 要用 ticks 去撰寫，這算是單字文法的用法問題，使用者碰到才知道。

案例3》

有一次在說明會時，撰寫了一個策略範例，本來是一個當沖策略，卻誤把停損與出場的語法混在一起寫，結果出來的績效當然就很好笑，現場煎熬了大約 5 分鐘，還瞎掰成是 Multicharts 的問題。那次大概是人生中最漫長的 5 分鐘，本來應該會的東西全部都忘光了，當下其實非常慚愧。結果說明會結束後，我靜下心來花了 1 分鐘好好檢視，一下子就發現問題所在。

使用者實際撰寫策略語法的時候，一定會碰到更多的問題，很多東西都必須靠著經驗來解決，因為策略的邏輯只有寫的人最清楚，唯有不斷累積經驗值，才能解決問題。

6-3 MDD是用來破的

　　每個策略都有其生命週期，策略被創造出來之前，都有經過回測，但是程式交易界有一句老話：「MDD 是用來破的。」白話文的意思是，策略遲早會失效。我先來為大家簡單介紹一下 MDD 是什麼？

　　MDD（MaxDrawdown）中文翻譯成「最大策略虧損」，意思是策略在特定期間內，依每筆交易來計算，從權益的最高值後所出現的最大回檔。我們可以從績效圖來檢視（詳見圖1）。而 MDD 的公式為「新高權益－最大回落權益」。舉例來說：本金 10 萬元，先賺 2 萬元，後來又賠掉 3 萬元，最後剩下 9 萬元，此時 MDD 為 3 萬元（12 萬元－9萬元）。

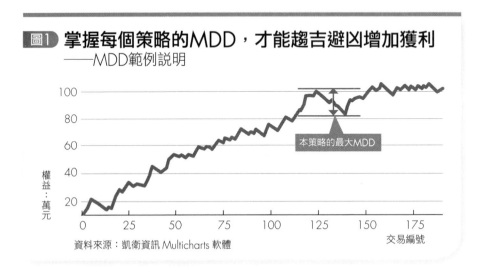

圖1 掌握每個策略的MDD，才能趨吉避凶增加獲利
——MDD範例說明

本策略的最大MDD

權益：萬元

資料來源：凱衛資訊 Multicharts 軟體

交易編號

回測資料不等於未來行情，策略應隨時調整

　　策略都是用歷史資料進行回測，但是未來走勢永遠都是未知數，真正的事件沒有辦法用量化的方式來告訴投資人，會漲到哪裡、會跌到哪裡，而且程式交易使用者很容易過度信賴自己的策略，而忽略真實的景氣因素，也許 MDD 被破也代表是一種警訊，告訴你應該將策略進廠保修了。

　　虧損吃 MDD 大致有兩種情形，可能是策略寫得不好，或策略過度最

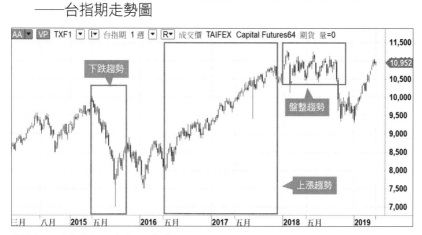

圖2 盤勢隨時在變化，所撰寫的策略也要跟著調整
——台指期走勢圖

資料來源：凱衛資訊 Multicharts 軟體

佳化等先天因素，另一種是後天因素的部分，可能是因為盤性變了、可能是因為時勢變了，例如：國際局勢發生動盪、總經大環境改變。從圖2就能很明顯發現，台股的趨勢很明顯的改變。

面對不同的因素，投資人該如何調整呢，我提供了2種方法（詳見表1），而這2種方法都各有愛好者，大家都可以自己嘗試看看。主觀判

表1 透過交易經驗篩選策略，才能應付市場變化
——MDD後天因素對策

方法	解説
主觀判斷法	透過自己的交易經驗來篩選策略，可能是波動變大的時候改用當沖策略，或判斷為趨勢格局時，改用順勢策略，也就是加入自己的主觀意識來調整
多空特化法	將多空策略分開來寫，因為單策略寫多空，有可能為了策略的完整性，所以犧牲一些多或空的機會，特化法是為了將策略績效最大化的版本

斷法考驗投資人對盤勢的解讀功力，因為多頭、空頭、盤整等行情，所適用的策略都不一樣，正所謂「好的判斷能讓你上天堂，壞的判斷能讓你住『套房』」。而多空特化法大家都能使用，把策略分開來撰寫就好，就比較不受主觀判斷的影響。

因為 MDD 被破是遲早會發生的事，所以投資人要先有心理準備，無論是要修正策略，或投入更多的資金都行，並沒有一定的標準答案。希望大家都能找到最適合自己的方法，讓策略績效再創高峰。

6-4 什麼是樣本內與樣本外？

一般我們做好策略後，通常都會建議先觀察數週或數個月，依照策略的屬性是當沖或波段，看看策略是否符合期待，或者出現過度最佳化，導致上線之後連續吃 MDD。因為投資人所做出來的策略，績效一定是以過去的歷史績效進行回測，但是過去不代表未來，因此預留觀察期也算是幫策略買保險的方式。

其實還有另外一種方法，就是把歷史資料假裝成是未來資料，這樣的做法雖然不是真正的未來績效，卻能夠降低一些風險，因為有些使用者可能比較心急，寫出策略後就想馬上開 AA（自動交易）上線，這也算是等待策略檢測期的變通方法。

樣本內》策略運算的主要歷史週期

什麼是樣本內呢？假設今天投資人希望開發一個策略，並且使用 2012 年至今天為止的歷史資料區間，雖然有如此長的歷史資料可以運用，但是實際可能只用到 2014 年～ 2018 年的資料來作為策略開發，這邊的 2014 年～ 2018 年的資料就屬於樣本內。

樣本外》策略運算之外的歷史週期

什麼是樣本外呢？除了 2014 年～ 2018 年的樣本內資料，尚未運用到的歷史資料，包括 2012 年～ 2013 年，以及 2019 年至今的資料。雖然這些時間不是策略的主要開發週期，但是，我們一樣將策略匯入，同時檢視策略績效報告的變化，來判斷是否有過度最佳化的情況。

歷史績效僅供參考，並不保證未來獲利

由於 Multicharts 是將所有的歷史資料都儲存在電腦裡，因此無論歷史資料要呈現多少都能自行編輯。設定的方法很簡單，只要在「設定商品」對話框裡的「設定」標籤頁中進行調整即可。各位使用者都能自行測試，但是別忘了，歷史績效僅供參考，並不保證未來獲利。

◎樣本內設定範例

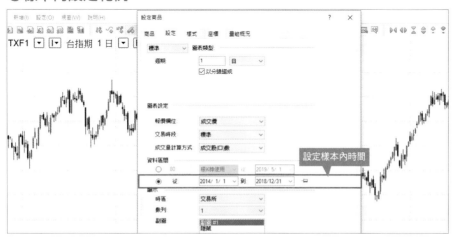

◎樣本內＋樣本外設定範例

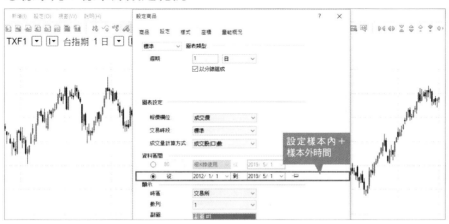

■圖1 加入樣本外時間後，策略的績效還是有一定水準

◎樣本內績效

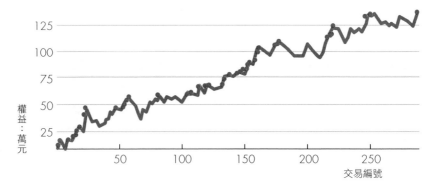

權益：萬元

◎樣本內＋樣本外績效

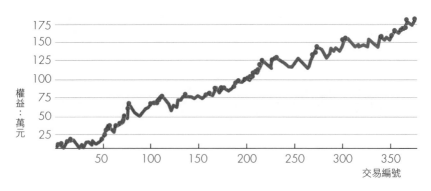

權益：萬元

資料來源：凱衛資訊 Multicharts 軟體

　　從圖 1 可以看出，加入樣本外的時間，策略績效仍然維持一定的水準，表示本策略應該能夠禁得起上線的考驗，過於久遠的歷史資料，可能會受到政治經濟局勢變化的影響，尤其我研究海外期貨商品之後，這種感覺更加明顯，例如 2018 年的盤勢，就跟前幾年有很大的不同。

　　關於歷史週期使用要用多久，與一些相熟的客戶與高手多次切磋後，也沒有得到最佳的結論，請各位朋友依照自己的使用習慣為主，只要能賺錢就是好策略，大家不妨自己實驗看看，也許都能有自己不同的心得與收穫。

⑥-⑤ 當沖好還是波段操作好？

　　當沖單與波段單其實各有各的好處，以主觀交易而言，通常會建議以當沖為主（因為不留倉），省得晚上睡不著覺。但是，當沖策略真的這麼好開發嗎？

每天行情變動大，導致當沖策略不易撰寫

　　就程式交易而言，當沖單其實非常不好寫，因為每天的行情都大不相同，有時順勢、有時盤整、有時逆勢；有時主力誘多、有時殺尾盤，又或者重要事件臨時發生，沒有任何一天會一模一樣。如果濾網過多會導致進場次數變少，如果濾網過少又容易被巴，可見當沖實在是不好寫。

表1 台指期每天波動約100點
——近5年國際主要股市波動點位與振幅統計

商品	項目	2014	2015	2016	2017	2018
台指期	日均波動（點）	**72.00**	**106.00**	**99.00**	**83.00**	**139.00**
	日均振幅（%）	0.80	1.21	1.14	0.81	1.33
A50 期貨	日均波動（點）	162.50	437.50	172.50	135.00	276.00
	日均波動（tick）	65.00	175.00	69.00	54.00	110.00
	日均振幅（%）	2.12	3.86	1.81	1.17	2.30
恒生 指數	日均波動（點）	321.00	468.00	368.00	282.00	532.00
	日均振幅（%）	1.39	1.94	1.74	1.07	1.86
小日經	日均波動（點）	230.00	285.00	315.00	205.00	335.00
	日均波動（tick）	46.00	57.00	63.00	41.00	67.00
	日均振幅（%）	1.49	1.53	1.88	1.01	1.51
小道瓊	日均波動（點）	157.00	227.00	198.00	135.00	381.00
	日均振幅（%）	0.94	1.31	1.13	0.62	1.53
小那斯 達克	日均波動（點）	48.00	67.00	65.50	54.00	133.50
	日均波動（tick）	192.00	268.00	262.00	216.00	534.00
	日均振幅（%）	1.25	1.53	1.46	0.94	1.93

註：1. 日均波動＝（最高價－最低價）÷ 最小跳動單位；2. 日均振幅＝（最高價－最低價）÷ 開盤價；
3. A50 期貨 1tick ＝ 2.5 點、小日經 1tick ＝ 5 點、小那斯達克 1tick ＝ 0.25 點

　　想走當沖路線的投資人，建議多研究一下各種商品的日均波動與振幅，而表 1 是我每年都會自製的日內平均波動度統計，給各位讀者參考。

投資人可以發現，台指期的波動沒有想像中的大；相對地，恒生指數的跳動就很活躍。事實上，如果商品愈活躍，最小跳動單位的波動就愈大，策略也會比較好寫，例如：小那斯達克、恒生指數這 2 種商品就是屬於這樣的代表。

新手應該從波段策略開始研發，因為它比當沖單還要好寫。波段單的績效往往遠勝當沖單，而且因為進出次數減少，所以可怕的滑價問題幾乎可以無視，只是要準備更多的保證金而已。因此，投資人與其問當沖好還是波段好，倒不如先看看自己的資金深度與風險偏好，希望大家都能順利開發出賺錢的策略。

6-6 如何挑選多策略？

假設使用者開始進行程式交易，而且策略也多到可以挑選，那麼應該如何挑選最佳的上線策略，做出自己的投資組合呢？

程式撰寫邏輯，蘊藏 4 大系統策略

如果使用專業版 Multicharts 的使用者，當然可以使用專業版的 Portfolio trader 功能，它可以透過多策略回測，了解你的策略組合的整體績效。但是，這個功能在券商版中被鎖住了，使用券商版的使用者應該怎麼辦呢？其實，在撰寫策略的時候，使用者多少應該都有一些體會，那就是每種策略的撰寫邏輯都不盡相同，雖然目的都是為了賺錢，有的

用 KD 指標、有的用均線、有的用價差等等，但是，説穿了，策略大多是用 4 種不同的系統策略寫出來（詳見圖 1）。

系統策略1》指標

指標類策略其實是最基本的策略，舉凡看盤軟體中常見的 KD、RSI、MACD、BBand 等，全部都是指標類策略。這類策略的特色是要用到一些 K 棒去做運算，例如：KD 使用 9 根 K 棒、RSI 使用 14 根 K 棒、BBand 使用 20 根 K 棒。這些參數都能在看盤軟體中看得到。

系統策略2》突破

只要是在圖表上畫出幾條水平線，用這些線來當成支撐或壓力，都算是突破策略，常見的例子除了本書所提的固定突破、移動突破之外，其實還有三關價、CDP、Pivot Point，也是常見的策略類型。

系統策略3》籌碼

籌碼策略的撰寫非常多元化，舉凡委買委賣、內盤外盤、累積成交、P/C ratio、外資籌碼、散戶多空等，都是常見的台指期專用籌碼策略，也都有一些相對應的策略可以去開發。籌碼策略最可惜的地方在於，國

圖1 Multicharts策略邏輯為指標、突破、籌碼與價差
——4大系統策略

指標	突破	籌碼	價差
• KD	• 三關價	• 外資籌碼	• 金電價差
• RSI	• CDP	• P/C ratio	• 期現貨價差
• MACD	• Pivot Point	• 委買委賣	• 摩台價差

外期交所並沒有提供相關的資料，這方面還滿可惜的，因為台指期所開發出的策略會無法沿用下去。

系統策略4》價差

所謂的價差其實就是指 2 種不同商品間的價格差，例如：台指期與加權指數間的「期現貨價差」；金融電子間的「金電價差」；黃豆與黃豆粉、黃豆油間的「擠壓價差」，其他還有「摩台價差」與「裂解價差」等，也都是交易界常聽到的策略。而且因為連動到別的商品，所以績效比較穩定。價差策略其實也是許多法人、避險基金最喜歡的策略類別。

投資人在挑選多策略的時候，除了邏輯不同之外，還有什麼部分可以改變呢？這些年與許多客戶、高手與老師討論了許多，大致歸納出以下3大原則：

原則1》多系統

包含當沖、波段、順勢、逆勢等原則，例如當沖突破策略與 KD 波段策略，搭配逆勢的布林通道策略。

原則2》多週期

例如 5 分線、15 分線、30 分線、日線等，各種不同類型。

原則3》多商品

例如指數類的台指期、恒生指數，再搭配個股期的小立光，或屬性不同的美元指數，達到多商品的搭配。

事實上，上述的 3 種挑選原則，要達成任何一項都很難得，因為多策略的主要用意，就是為了讓策略的相關性降低，正所謂雞蛋不要放在同一個籃子裡就是這個道理。由於一旦出現黑天鵝事件，有賺錢的話就算

圖2 **多策略的原則要符合多週期、多商品、多系統**
—挑選多策略的原則

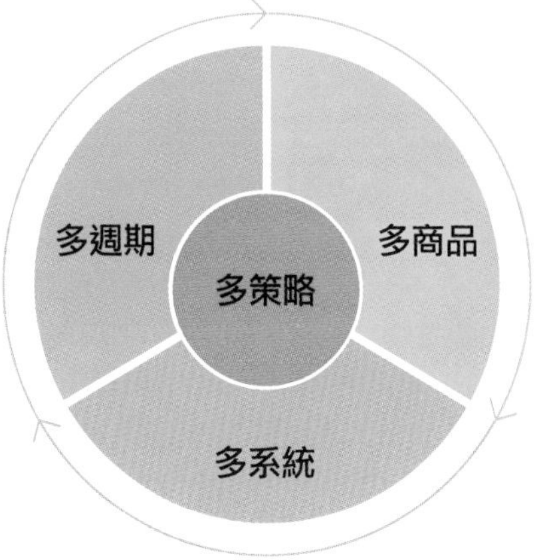

了，萬一是賠錢，麻煩就大了。高手甚至會挑選商品特性來開發，喜歡大波動當沖的投資人，投資組合可能會有恒生指數、小道瓊指數，以及能源類型商品。也有選擇相同時區來交易的投資人，例如：亞洲時區可能會選台指期、A50 期貨、恒生指數；歐洲時區可能會選小 Dax、英鎊、歐元。建議使用者多方嘗試，找出最適合自己的投資組合，這也是交易的魅力之一。

曾經有位客戶，手上約有 4 個可用策略，卻把所有的資金，一次下 5 口大台，只押注在績效最高的 1 個 A 策略上，賺錢的時候雖然很開心，但是某個月因為行情屬於盤整盤，上下大約 200 點～ 300 點的行情，卻因為重倉押注，而莫名其妙一個月就少了 30 萬元。

部位愈大愈要保持警戒，布局前要考量風險

另外有一位客戶，原本用 35 萬元的資金操作 1 口大台，因為操作績效不利而求教於我，我花了一些時間盤點完他的可用策略後，了解這位客戶其實有 3 個還算不錯的策略，轉而建議他以多策略的方式，將剩餘的 28 萬元資金拆成 3 個策略，下單也從大台改為小台，從此客人績效也進入穩定成長，目前已經變成 6 個策略，而且還有包含海外期貨商品的自動交易，相信未來一定也能持續獲利。

交易做得愈大愈應該對風險保持戒慎恐懼的態度，因為現實交易跟回測不一樣，多策略的目的是為了降低帳戶的整體風險，回測績效再厲害，現實世界永遠不會完整重現一模一樣的日子。

6-7 參數孤島與參數高原

有些使用者在某些程式交易社團、論壇或群組裡，可能會聽到「參數孤島」或「參數高原」這兩名詞，這兩個名詞聽起來還滿抽象的，它們到底隱含什麼意思呢？

參數高原代表績效穩定，不因參數改變而震盪

「參數孤島」引申有「過度最佳化」的意思，是指這組參數的績效不穩定，可能會因為市場小小的變動，導致績效跟著劇烈影響；「參數高原」是指這組參數的績效穩定，就算換成其他參數，績效也不會有過大變動，比較能夠耐得起市場波動。

投資人光看名詞解釋可能很難理解，我們拿 Multicharts 的特別功能
「3D Optimization Charts」來實際驗證一下，而接下來我們就來看看
使用步驟。

首先，打開 Multicharts 主程式，並且先開啟一張台指期的線圖，假設
我們以 RSI 訊號作為測試，先新增訊號❶「RSI LE」與「RSI SE」，並且
點選❷「最佳化」→❸「暴力演算」，並且按下❹「OK」。

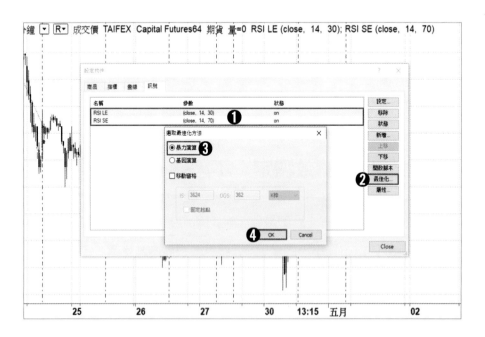

接著，進入下一個畫面後會出現一個「暴力演算屬性」對話框，在「可最佳化參數」標籤頁中，我們要對超買、超賣的數值進行最佳化，也就是設定❶起始值、❷結束值、❸遞增值。

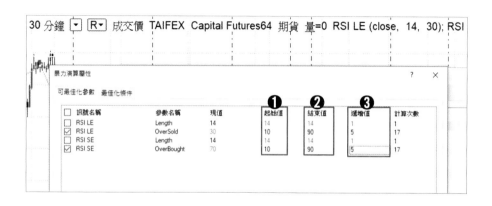

此時系統會進行「最佳化進度」，完成後就可以看到「最佳化報告」，點選下方❶「檢視 3D 最佳化圖表」後，系統就會出現相關的圖形了。

◎參數孤島

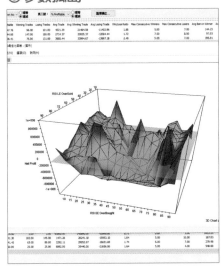

◎參數高原

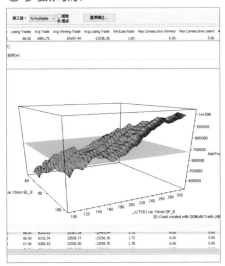

　　從上圖可以很明顯的看到「參數孤島」績效的呈現，上下波動非常大，過度最佳化的感覺非常明顯。對照之下，「參數高原」的這張圖，使用的是目前交易中的策略，投資人可以看到它的績效相當穩定，不會因為小小的參數改變，造成整體績效就大打折扣，各位使用者一定要對參數孤島引以為戒，別過度最佳化了。

釋疑篇

第 7 章

程式操作時
常見問題

⑦-① Multicharts完整移除法

軟體安裝好後，並不是從此高枕無憂，使用時可能會因為有新的數據源或下單元件釋出，而需要手動更新，或當初沒有以「系統管理員身分」安裝軟體，導致使用過程中發生許多問題，也可能是檔案遇到不明因素的毀損，甚至是遇到「compile error 0 line 0」的問題，種種狀況都有可能導致使用者必須移除 Multicharts，並且再進行重灌，而方式如下：

先移除行情元件與下單元件，再移除主程式

如果是單純移除 Multicharts，使用者只要進入控制台移除程式即可，步驟是從 Windows 進入「控制台」→「解除安裝或變更程式」，並且

搜尋「Multicharts」，此時就能找到關鍵的 3 個檔案，分別是主程式、行情元件、下單元件（詳見下圖）。

使用者得先移除行情元件與下單元件（這 2 個檔案移除的先後順序並不影響），最後再移除 Multicharts 主程式就好，到此為止就是屬於一般的移除法。

前面是以一般的方法移除 Multicharts 軟體，應該都難不倒大家，但是，這種移除法會殘留一些沒砍乾淨的檔案，而且歷史資料與語法資料庫都還在電腦裡，例如著名的「compile error 0 line 0」就屬於語法資料庫的問題，用一般的移除法是砍不乾淨的，如果使用者要完整移除請遵循以下的步驟：

1. 打開「C 槽隱藏的項目」，依序開啟「Program Data」→「TS Support」，將這邊的 Multicharts64 資料夾直接刪除。

2. 打開「C 槽」，依序開啟「Program Files」→「TS Support」，將這邊的 Multicharts64 資料夾直接刪除。

經過上述 2 個步驟，才算是完整移除 Multicharts，雖然過程有些複雜，但是現在重新安裝軟體就比較沒問題了，別忘了重新安裝的時候，要以「系統管理員身分」來執行喔。

7-2 強制關閉Multicharts

在使用 Multicharts 時，不能在同一台電腦上，連續開啟 2 次，也不能在另外一台電腦，以同樣的帳號重複登入，但是有時候，程式關掉後馬上就重開，使得系統出現下面的錯誤訊息。

> ❌ MultiCharts標準版僅能開啟一次。欲開啟多個應用程式，請購買 MultiCharts專業版。

系統會出現這個錯誤訊息的關鍵在於，程式的執行緒沒有完全關閉。因為有時在關閉 Multicharts 後，Multicharts 的關閉程序並沒有執行完成，

圖1 **從描述中可清楚分辨哪些檔案屬於Multicharts**
——手動關閉Multicharts方法

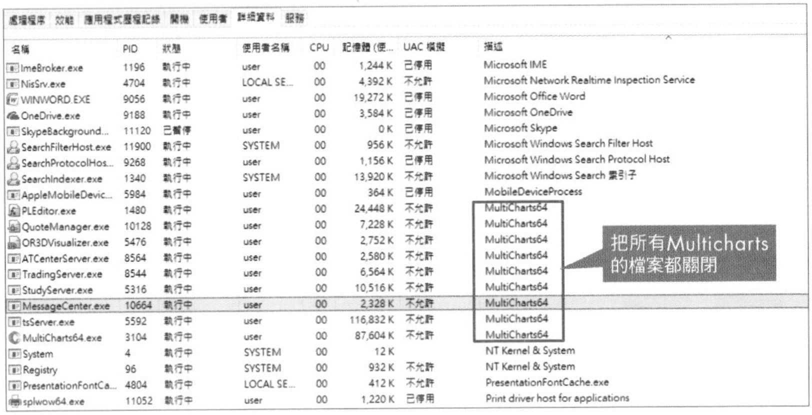

名稱	PID	狀態	使用者名稱	CPU	記憶體 (使...	UAC 模擬	描述
ImeBroker.exe	1196	執行中	user	00	1,244 K	已停用	Microsoft IME
NisSrv.exe	4704	執行中	LOCAL SE...	00	4,392 K	不允許	Microsoft Network Realtime Inspection Service
WINWORD.EXE	9056	執行中	user	00	19,272 K	已停用	Microsoft Office Word
OneDrive.exe	9188	執行中	user	00	3,584 K	已停用	Microsoft OneDrive
SkypeBackground...	11120	已暫停	user	00	0 K	已停用	Microsoft Skype
SearchFilterHost.exe	11900	執行中	SYSTEM	00	956 K	不允許	Microsoft Windows Search Filter Host
SearchProtocolHos...	9268	執行中	user	00	1,156 K	不允許	Microsoft Windows Search Protocol Host
SearchIndexer.exe	1340	執行中	SYSTEM	00	13,920 K	不允許	Microsoft Windows Search 索引子
AppleMobileDevic...	5984	執行中	user	00	364 K	已停用	MobileDeviceProcess
PLEditor.exe	1480	執行中	user	00	24,448 K	不允許	MultiCharts64
QuoteManager.exe	10128	執行中	user	00	7,228 K	不允許	MultiCharts64
OR3DVisualizer.exe	5476	執行中	user	00	2,752 K	不允許	MultiCharts64
ATCenterServer.exe	8564	執行中	user	00	2,580 K	不允許	MultiCharts64
TradingServer.exe	8544	執行中	user	00	6,564 K	不允許	MultiCharts64
StudyServer.exe	5316	執行中	user	00	10,516 K	不允許	MultiCharts64
MessageCenter.exe	10664	執行中	user	00	2,328 K	不允許	MultiCharts64
tsServer.exe	5592	執行中	user	00	116,832 K	不允許	MultiCharts64
MultiCharts64.exe	3104	執行中	user	00	87,604 K	不允許	MultiCharts64
System	4	執行中	SYSTEM	00	12 K		NT Kernel & System
Registry	96	執行中	SYSTEM	00	932 K	不允許	NT Kernel & System
PresentationFontCa...	4804	執行中	LOCAL SE...	00	412 K	不允許	PresentationFontCache.exe
splwow64.exe	11052	執行中	user	00	1,220 K	已停用	Print driver host for applications

把所有Multicharts的檔案都關閉

資料來源：凱衛資訊 Multicharts 軟體

但是心急的使用者卻認為「軟體沒有出現在工具列就等於完全關閉」，因此出現上述的錯誤訊息，要解決的話其實也很簡單，以下將介紹2種方法：

方法1》什麼都不做

大約等1分鐘，讓程式自然關閉即可。本方法有的時候會失敗，或是

有些使用者不想等，就可以直接參考方法 2。

方法2》手動關閉程式

其實方法很簡單，只要打開「工作管理員」，在「詳細資料」標籤頁中，將 Multicharts 相關的檔案全數關閉。如果使用者不知道哪些檔案屬於 Multicharts，也可以從描述中檢視（詳見圖 1）。

除了部分心急的使用者，想要快速重開 Multicharts 時可以用手動關閉的方式之外，我們從 QuoteManager 修改了一些設定後，或刪除資料要重新回補時，最好也都要重開 Multicharts 比較好，這麼做的目的是讓系統重新讀取使用者所修改的內容，就能避免許多問題的發生。

⑦③ 如何使用自訂的資料？

　　Multicharts 的使用者，有的時候可能有自己所觀察的某些數據。數據這種東西，在不懂的人眼中，就只是一堆數字，但是在高手的眼中，數據的增減都有特殊性。投資人都知道，程式交易的本質，就是運用各種曾經發生過的數據，進而構思出適合的策略，而自動下單只是最枝微末節的執行面而已。

善用各種資料數據，可組成最強交易策略

　　以我本身為例，平時都會去更新外資籌碼的未平倉資料，也就是 P／C ratio，我也有聽過朋友使用新台幣匯率、CPI（消費者物價指數）、就業

率、投信部位、自營部位等數據，不過，要如何在 Multicharts 裡面使用
這些數據呢？其實只要新增自己想要的商品即可，但是，過程中可能會
併發一些特別的問題，例如：data feed couldn't be loaded 等，因此必
須一次解決，好在方法不難。

　　如果系統出現「data feed couldn't be loaded」的錯誤訊號，代表沒
有執行 DateUpdater，此時使用者應該利用 7-2 的方式，將 Multicharts
完全關閉，並且在 C 槽裡，Multicharts 的檔案夾中執行（點兩下）
DateUpdater。執行完畢後就可以新增自訂的商品了，而流程如下：

　　首先，打開 QuoteManager，在畫面中按下滑鼠右鍵，並且點選❶「新
增商品」→❷「手動」。打開「新增商品代碼」對話框後，輸入相關資
訊後（此處以❸「P/C ratio」為例），再按下❹「確定」。

接著,在「P/C ratio- 編輯商品」對話框「期貨」標籤頁,編輯❶「一般資訊」;在「設定」標籤頁,對❷「設定來源」進行細部設定,再從「交易時段」標籤頁,進行❸「交易時段來源」的細部設定,最後按下❹「確定」。

新增自訂商品過程到此告一個段落,至於歷史資料的部分,就只能從網站找資料,或是跟好心人士詢問了。

⑦④ 指標與實際點位不符

　　Multicharts 允許使用者撰寫自己心目中想要的指標，但是問題來了，叫出來的這些壓力線或支撐線，如果我們想放到主圖，並且透過歷史 K 棒做實際對照，很容易發現一個問題，就是它跟實際的點位不一樣。

留意指標精準性，以免造成下錯單的悲劇

　　這個問題的原因在於，不是每一種指標都要這麼精確地去對應，例如：MACD、KD 指標等，放在圖上也只是拿來檢視而已，放在哪邊都可以，而需要特別精確對照的指標，頂多是壓力線或支撐線。有些指標能輔助投資人找到壓力與支撐，例如：Pivot Point、CDP、三關價等。使用者應

該有發現，上述的指標都沒有在 Multicharts 預設的腳本裡，統統得自己寫出來，好在寫的方法其實不難，投資人可以從網路找出指標的定義，再自己嘗試寫看看。

從下圖我們可以發現，「和商品一致」才是最準確的位置，「目前畫面」一點都不準，喜歡自製指標的使用者要特別留意準確性的問題，不然因而看錯線圖，導致下錯單就麻煩了。

◎設定前》目前畫面

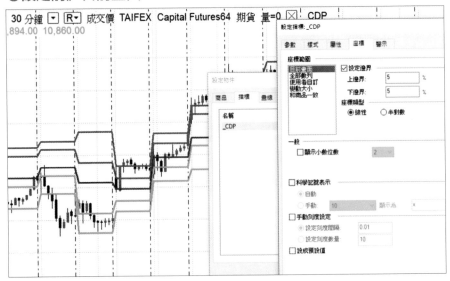

◎設定後》和商品一致

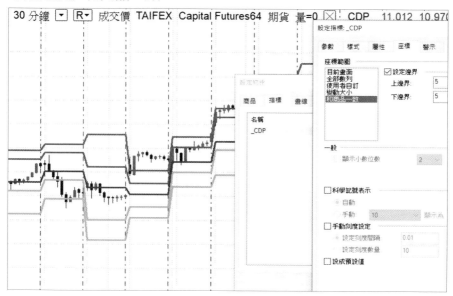

調整的方法其實沒有那麼困難，使用者只要去「設定」，將指標的座標做個小調整，設定成和商品一致即可。正確步驟為：在 Multicharts 主畫面點選滑鼠右鍵，選擇「設定指標」→「設定」→「座標」→「和商品一致」，就能將指標放在正確的位置了，與壓力、支撐相關的指標一定要用這種方式調整。

7-5 自訂週期匯出資料

　　平常就喜歡做研究的投資人，可能都會有個疑問，那就是 Multicharts 這套軟體對於歷史資料的儲存單位只有 3 種（分別是 tick、分鐘、日），但是，如果今天投資人想要另外做 5 分鐘線的研究，那不就是要自己再去對數值重新運算？

可同時匯出指標的數值，並用文字檔儲存

　　其實這邊有個小技巧，就是在主圖也可以匯出資料，連指標的數值都能一起匯出。而這邊所匯出來的檔案，預設都會是 .txt 檔，使用者可以自己轉成 .csv 檔，運用起來也會更方便。

　　首先，打開 Multicharts 軟體，隨便開啟一張圖表，並且點選❶「檔案」
→❷「匯出資料」。

　　接著，在「匯出資料成檔案」對話框中，選擇想要匯出的商品（此處
以❶「1-TXF1 5 分鐘」為例），並且按下❷「OK」，系統就會匯出檔案。

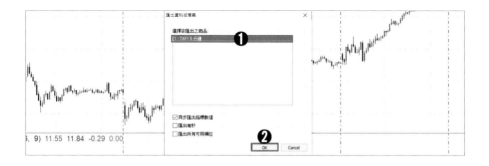

　　有些使用者可能會希望用 Excel 去另外寫方法來判斷，或做特殊專題，
需要各種不同的週期資料，要自己組合又太過麻煩，其實就可以使用這
個功能，匯出想要的時間週期的 K 棒資料。

7-6 為什麼收不到夜盤報價？

自從 2017 年 5 月 15 日之後，台灣開始有夜盤交易，有些人稱之為「T ＋ 1 盤」或「PM 盤」，看你喜歡哪個叫法。隨著國際行情愈來愈大，也愈來愈多的使用者將策略加入夜盤，而我們在 Multicharts 裡面確實也可以設定要不要看「T ＋ 1 盤」。

系統誤判收集資料的時間，導致夜盤資料消失

但是問題來了，如果我們設定了某個圖表以 T 盤開啟，結束的時候又在偏好設定，讓工作底稿再重登的時候，也會直接開圖表。不過，也許從某一天開始，當你想要打開一張全盤圖表時，就會發現前半段的圖表

都能正常開出，可是後半段的「T＋1盤」卻出不來了，相關問題的圖
示如下：

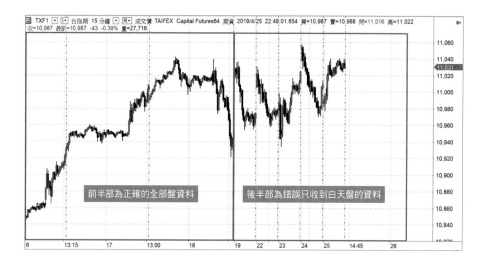

這個問題的原因在於，程式在讀取資料的時候，誤判了收集資料的時
間，如果使用者都不用夜盤資料，其實也還好，萬一要參考的話，就會
很麻煩，不過，還是有解決的方法。

首先，新增一個工作底稿，然後只要開啟❶「加權指數」，其他底稿
全部存檔之後關閉。

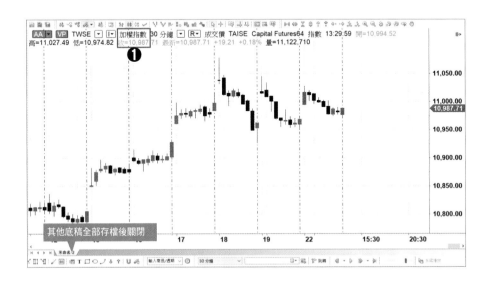

接著，進入「偏好設定」，選擇❶「開啟上次結束程式時最後使用的
工作底稿」。

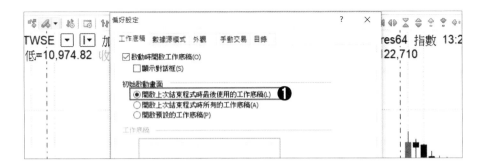

再來，在 QuoteManager 裡刪除歷史資料，先選擇要修正的❶「台指期（TXF 1）」，按下滑鼠右鍵，並且點選❷「編輯資料」。開啟「資料設定」對話框，選擇❸「資料區間」，並且按下❹「讀取」，此時系統就會顯示出❺相關資料，接著按下❻「全選」→❼「刪除」。

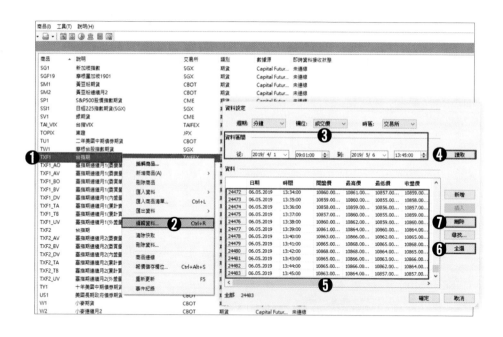

回到 QuoteManager 主畫面後，先點選❶「台指期（TXF1）」，再按下滑鼠右鍵，選擇❷「清除快取」。

重登 Multicharts 主程式後，除了加權指數的圖表之外，其他的商品應該都看不到了。如果新開一張之前錯誤的台指期圖表，這時應該能開出正確的全部盤資料了。我建議左邊第一張工作底稿，要放正常的、全部報價的工作底稿，因為 Multicharts 讀取圖表的順序，是從最左邊開始。

解決這個問題的步驟非常多，而且任何一個步驟錯誤都可能導致失敗，最重要的是，重開 Multicharts 時必須看不到錯誤的商品，因此才會放只有白天才會動的加權指數。如果使用者想一勞永逸解決問題的話，要有一張工作底稿放最左邊，專門用來收集資料，雖然這樣會占據一個圖表的視窗，但是相較修正錯誤所造成的麻煩，還是輕鬆許多。

7-7 Multicharts的絕症

　　雖然 Multicharts 有很多不錯的優點，但是常常會伴隨一些 bug。小 bug 都算是好解決，只有一個最麻煩，那就是「compile error line 0,column 0」，一旦系統出現這個訊息，請使用者試著先重開一張圖，隨便按空白鍵後編譯，如果編譯後都是錯誤的情況，就只能說恭喜你中了 Multicharts 的絕症。

請稍候 ....

—————— 編譯時產生錯誤: ——————

Compile error
line 0, column 0

編譯時出現「compile error line 0,column 0」，代表中了Multicharts的絕症

這個問題的成因，主要是 Windows10 與 Multicharts 之間相容性的問題，發生原因雖然千奇百怪，但是大致可以歸類為 3 類：

1. **權限不足**：全部改用系統管理員身分開啟。

2. **腳本內容**：網路找到的程式碼或複製過來的程式碼，有肉眼看不到的非純文字字元。

3. **其他問題**：反正就是莫名其妙發生了。

無論如何，一旦發生狀況就要去解決，以下提供幾種方法，希望能夠幫你解決這個棘手的問題

方法1》重開機

直接把該關的軟體都關閉，然後重新開機，有很高的機率可以解決問題，重開機這個大絕招其實真的很好用。

方法2》改註冊碼

如果執行以上步驟後，都無法解決問題，請再執行下列步驟：

①關閉 Multicharts，並且確認所有 Multicharts 在工作管理員中都已經

被結束。

②點選 Windows 開始鍵，在執行搜尋欄中輸入 Regedit，並且點選確
定。

③到以下路徑：HKEY_LOCAL_MACHINE\SYSTEM\CurrentControlSet
\Control\FileSystem。

④更改 NtfsDisable8dot3NameCreation 的數值資料為 0。

⑤重新啟動電腦。

方法3》改環境變數

如果執行以上步驟後，都無法解決問題，請再執行下列步驟：

①點選開始鍵。

②點選控制台。

③點選系統及安全性，點選系統，點選進階系統設定。

④點選環境變數，在使用者變數中，點兩下 TEMP 變數，將變數值改為 C：\Windows\Temp，並且點選確定。再點選兩下 TMP 變數，將變數值改為 C：\Windows\Temp，並且點選確定。

方法4》重灌Multicharts

如果執行以上步驟後，都無法解決問題，請再執行下列步驟：

①備份你的策略與資料庫後，移除 Multicharts，並且刪除全部的資料夾，包括 C：\ProgramData\TS Support\Capital MultiCharts64 與 C：\Capital\Capital MultiCharts64。由於 ProgramData 是隱藏的資料夾，因此開啟的方式請見 7-1 或 8-3 的內容，或自行 Google 找方法。

②請重新安裝 Multicharts。

③開啟 PowerLanguage，測試編譯，如果不成功的話請嘗試方法 5、如果成功的話，請完成安裝，並且復原策略及資料庫。

方法5》重灌＋換資料夾

如果執行以上步驟後，都無法解決問題，請再執行下列步驟：

①以系統管理員的身分重新安裝 Multicharts 到下列路徑：C：\MC。

②以系統管理員身分重開 Multicharts PowerLanguage，測試編譯。

使用桌機可以降低絕症發生的機率

解決絕症「compile 0 error 0」的方法不是沒有，但是除了重開機之

外，其他的方法都很麻煩，使用筆電的人遇到這個問題的機率高很多，也有人說使用桌機出現錯誤的機率比較小，主要都是因為 Windows10 的預設權限問題。幸好大多數使用者過了啟蒙時期，應該都會改用桌機，出現「compile error 0 line 0」的機率也會小很多。

由於本錯誤早晚都會發生，因此遇到時千萬不能慌，在我撰寫本書的時候也碰過，希望以上的方法對使用者有幫助，如果真的不行的話，可以打給凱衛資訊的小祕書，請他們協助解決。

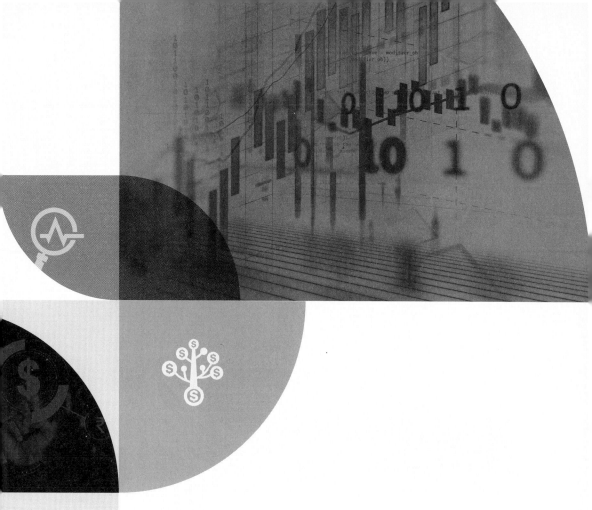

第 8 章

資料庫數據
常見問題

8-1 自訂顯示交易時段

有交易國內期貨或海外期貨的投資人，一定都知道期貨與現貨的交易時間不一樣。現貨開盤時，期貨會受到影響，因此波動很大。但是，現貨交易的時間外，其實還有電子盤（也稱為盤後盤、T＋1 盤、夜盤），在延長的交易時間，指數可能會跟著國際股市波動，但是有的投資人只喜歡交易白天盤，那要如何調整設定呢？

在 Multicharts 裡，使用者可以自行設定圖表所呈現的看盤時段，甚至自己設定想要看到的時段，如果投資人只希望做白天盤，而夜盤當成跳空缺口，或不希望所用的策略被夜盤干擾，你就可以自己定義想要的看盤時段，這個方法用在國外盤也適用，方式如下：

首先，打開 QuoteManager，點選❶「工具」→❷「交易時段模組」，從交易時段清單中選擇❸「新增」，此時使用者就可以自行定義❹交易時間了，最後按下❺「確定」。

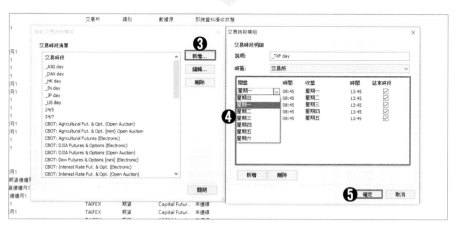

　　用上述的方法就能簡單定義交易時段了，但是要特別注意，因為 Multicharts 資料庫編寫的方式不夠好，常常會導致設定後，報價反而會卡住的狀況，使得夜盤資料收不進來，如果你有發生這種情況，也請參考 7-6 的內容來解決問題。

⑧-②K棒遺漏怎麼辦？

有時因為資訊源有誤的關係，會發生漏K棒或收到錯誤資料（俗稱幽靈K）的問題，這時要怎麼解決呢？

其實，解決的方法分為「回補法」與「刪除資料法」，建議使用者兩種方法都嘗試看看，以順序而言，先用「回補法」再用「刪除資料法」。以下將分別介紹兩種方法，有碰到的使用者可以按步驟操作。

方法1》回補法

打開 Multicharts 主程式，在上方工具列點選❶「檢視」→❷「重新回補」，並且選擇❸要回補的時段。

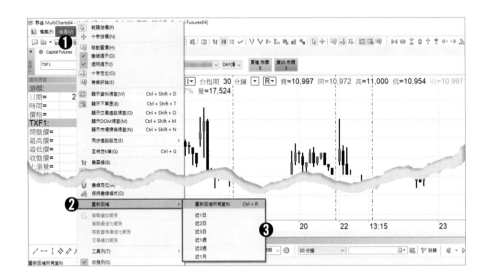

「回補法」比較簡單，也比較方便，使用者可以自訂要回補的時間，但是，有時候這種方法會沒有效果，原因可能是錯誤的資料占住資料庫的位置，也可能是太過久遠的資料，總之問題的成因不一定，如果「回補法」無效，就要使用「刪除資料法」來解決。

方法2》刪除資料法

打開QuoteManager，點選「商品」（此處以❶「台指期TXF1」為例），並且按下滑鼠右鍵，選擇❷「編輯資料」。

在「資料編輯」對話框中，選擇❶「週期」（此處以「分鐘」為例）
與❷「資料區間」，最後按下❸「讀取」即可。選取❹想要刪除的時區，
並且按下❺「刪除」，最後再按下❻「確定」。

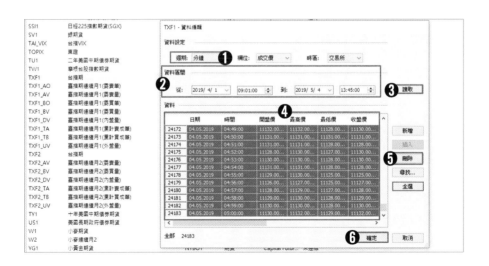

完成之後，使用者記得要對剛才編輯的❶「台指期 TXF1」按下滑鼠右鍵，選擇❷「清除快取」，才能正常運作。最後，重新登入 Multicharts 即可。

東證	JPX	期貨	ASCII Mappi...	未連線
二年美國中期債券期貨	CBOT	期貨	Capital Futur...	未連線
摩根台股指數期貨	SGX	期貨	Capital Futur...	未連線
台指期 ❶	TAIFEX	期貨	Capital Futur...	未連線
臺指期連續月1(委賣筆)	TAIFEX	期貨	Capit	編輯商品...
臺指期連續月1(委賣量)	TAIFEX	期貨	Capit	新增商品(A)
臺指期連續月1(委買筆)	TAIFEX	期貨	Capit	刪除商品
臺指期連續月1(委買量)	TAIFEX	期貨	Capit	匯入資料
臺指期連續月1(內盤量)	TAIFEX	期貨	Capit	匯入商品清單... Ctrl+L
臺指期連續月1(累計買成筆)	TAIFEX	期貨	Capit	匯出資料
臺指期連續月1(累計買成量)	TAIFEX	期貨	Capit	編輯資料... Ctrl+R
臺指期連續月1(外盤量)	TAIFEX	期貨	Capit	
台指期	TAIFEX	期貨	Capit	清除快取 ❷
臺指期連續月2(委賣量)	TAIFEX	期貨	Capit	刪除資料...
臺指期連續月2(委買量)	TAIFEX	期貨	Capit	
臺指期連續月2(內盤量)	TAIFEX	期貨	Capit	商品連線

刪除資料法成功機率高，最好收盤後再執行

「刪除資料法」比「回補法」還要麻煩，但是，「回補法」的成功機率其實不高（通常是盤中報價暫停才會成功），大多數的時候都要用到「刪除資料法」才行。不過，「刪除資料法」有的時候也不一定會成功，因為即時資料還沒有變成歷史資料，因此，盤中投資人可能會回補不到，最好等收盤後再做這件事情，要回補資料的投資人還請特別留意。

🔘⁸⁻³ 如何備份重要資料？

　　使用過 Multicharts 的人，一定都知道備份的重要性，如果條件許可的話，建議定期備份比較好，因為使用 Multicharts 的時候，隨時可能會碰到難以想像的意外，一旦發生了，通常都要重灌才能解決，因此備份是每位使用者都要學習的技能，而備份的種類可以分為以下 3 種：

種類1》備份策略

　　Multicharts 使用者視為最珍貴的東西，往往都在 PowerLanguage 裡面，包含自己所寫或收藏的策略語法。如果投資人要備份的話，請在 PowerLanguage Editor 軟體裡，點選上方工具列「檔案」→「匯出」，並且選擇要匯出的指標或訊號。

種類2》備份個別商品資料

在備份個別商品資料的部分，首先會介紹第 2 章提過，也就是歷史資料匯出與匯入。只要在 QuoteManager 裡面，對著商品點「滑鼠右鍵」，選擇「匯出資料」，就能夠完成個別商品資料的匯出（備份）。由於詳細方式之前的章節已經提過，因此這邊就不再重複。

種類3》備份完整歷史資料

在進行資料庫備份前，使用者必須先找到資料庫的位置，但是券商版的使用者如果去搜尋的話會發現一個問題，就是 TS Support 的資料夾是藏在 ProgramData 裡面，而 ProgramData 資料夾預設是找不到的，因此我們會以找到資料夾為第一要務。

首先，以 Windows10 為例，進入電腦的「本機」，點選上方工具列的❶「檢視」，並且勾選❷「隱藏的項目」。

接著，只要依序點選❶「本機→本機磁碟→ ProgramData → TS Support → MultiCharts64」，就能看到❷「Databases」這個資料夾，那就是 QuoteManager 資料庫的所在位置，使用者可以直接備份起來。

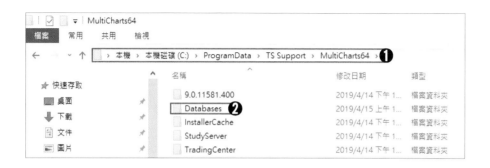

建議每個月定期備份一次，以免資料意外遺失

使用者要有備份資料的習慣，我大約每個月會備份一次，有一些歷史資料也會放在部落格，讓各位使用者下載。歷史資料這種東西，有使用 Multicharts 撰寫策略的人，就會知道它的重要性，更不用說策略語法包，幾乎是每位使用者的心血結晶，這些資料珍貴到有錢都買不到。

不要在QuoteManager選擇商品連線

8-4

我偶爾會跟客戶遠端連線，常常會發現有人的 QuoteManager 設定中，會開著商品連線（詳見圖 1），每次看到都會要求關閉，因為這是在 Multicharts 非常不推薦的功能，而原因在於：

原因1》商品連線的降速問題

由於連線報價時會持續下載即時資料到使用者的 QuoteManager 資料庫，如果下載的資料過多，會造成網路速度變慢，以及 Multicharts 的效能變差，甚至導致當機，因此不要隨便測試自己電腦的極限。

原因2》商品在主程式開圖就能回補

圖❶ 商品連線會降低網速，導致Multicharts效能變差
——QuoteManager中商品連線位置

CT #F	Cotton#2 Futures	CEC	期貨	eSignal	未連線
ES #F	S&P 500 E-mini Futures - Globex	CME	期貨	eSignal	未連線
EXF1	電指期	TAIFEX	期貨	KWAY64V2	連線中
EXF2	電指期	TAIFEX	期貨	KWAY64V2	連線中
FC #F	Feeder Cattle Futures	CME	期貨	eSignal	未連線
FXF1	金指期	TAIFEX	期貨	KWAY64V2	未連線
FXF2	金指期	TAIFEX	期貨	KWAY64V2	未連線
GC #F	Gold Futures	COMX	期貨	eSignal	連線中
GOOG	GOOGLE INC	NASD	股票	Free Quotes	未連線
HO #F	Heating Oil Futures	NYME	期貨	eSignal	未連線
HU #F	Gasoline (Unleaded) Futures	NYME	期貨	eSignal	未連線
INTC	INTEL CORP	NASD	股票	Free Quotes	未連線
JO #F	Orange Juice Futures	CEC	期貨	eSignal	未連線
JY #F	Japanese Yen Futures	CME	期貨	eSignal	未連線
KC #F	Coffee Futures	CEC	期貨	eSignal	未連線
LB #F	Lumber Futures	CME	期貨	eSignal	未連線
LC #F	Live Cattle Futures	CME	期貨	eSignal	未連線
LH #F	Lean Hogs Futures	CME	期貨	eSignal	未連線
MSFT	MICROSOFT CORP	NASD	股票	Free Quotes	未連線
MXF1	小台期	TAIFEX	期貨	KWAY64V2	未連線

編輯商品...
新增商品(A)
刪除商品
匯入資料
匯入商品清單...
匯出資料
編輯資料...
清除快取
刪除資料...
超價儲存欄位...
重新更新
✓ 事件紀錄
商品連線

> 商品連線的勾勾一定要拿掉，使設定變成「商品斷線」

資料來源：凱衛資訊 Multicharts 軟體

　　正確的開圖其實就能回補資料，勤勞一點的使用者也可以每個月開圖掃一次（甚至每週掃一次），其實都可以滿足使用者想回補歷史資料的問題。

原因3》商品連線補的是即時資料

　　回補即時資料不對嗎？其實沒什麼不對，但麻煩的是，它會造成關機

之後的資料不連貫問題。請想想看，光是只收白天盤的資料，都會讓夜盤（T＋1 盤）的資料進不來，萬一資料斷得亂七八糟就麻煩了，而且使用 Multicharts 都會建議每天至少要開關軟體一次，把 Multicharts 運行所堆積的冗餘資料清除掉。

8-5 K線圖呈現方式怪異

Multicharts 的使用者，可能偶爾會碰過很神奇的事情，那就是 K 線圖的呈現方式很詭異。所謂的詭異是指，明明有 K 線圖出來，報價也有持續更新，但卻不是該商品應該有的 K 線圖。

從圖 1 可以明顯地看出，錯誤 K 線圖的呈現方式非常奇怪，不是正常的黃金商品應該有的 K 線圖，因為新增出來的商品，預設值是 1 大點一跳。但是，在金融市場中，有許多商品的跳動單位（tick）並不是 1 點，例如：黃金的最小跳動單位是 0.1 點，輕原油的最小跳動單位是 0.01 點，小那斯達克的最小跳動單位是 0.25 點。每個商品不盡相同，使用者必須自己多加留意。

▓圖1 商品K棒缺乏影線，明顯與正常線圖不同
── 錯誤K棒與正確K棒差異

◎錯誤的黃金 K 線圖

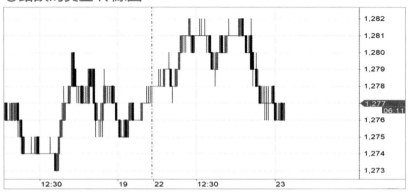

◎正確的黃金 K 線圖

資料來源：凱衛資訊 Multicharts 軟體

其實，問題產生的原因就在於 QuoteManager 的商品設定。如果商品是使用者自己新增的，一定要檢查一下設定（檢查方式為在 QuoteManager 點選「商品」→「編輯商品」），因為對於某些商品來說，預設值會是錯誤的。

留意商品交易時間，期交所不定期會公告調整

每個商品不只跳動單位不同，交易時間也會不同，而且交易所不定期也會修正交易時間，例如台灣期交所從 2017 年 5 月 15 日開始，延長期指的交易時間。而歐洲交易所 EUREX 在 2018 年 12 月 10 日，也宣布延長商品的交易時間。這些調整的時間，如果你有想在新增的時間研究或交易，都需要使用者自行設定調整才行。

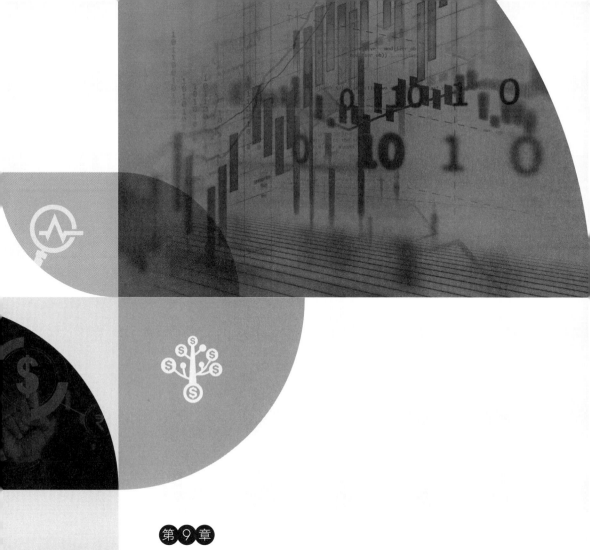

第 9 章

策略管理
與資金運用

9-1 策略運算引用K棒值

初次接觸 Multicharts 的使用者，一定都有一大堆問題，而每位開始接觸策略編寫或最佳化的投資人，一定會問「試圖引用 K 棒數量超過設定值」的問題。

這個問題的起因，通常在於你所使用的策略，可能有用到均線類型的計算，而原本系統的預設值只有 50。由於策略設定成功，因此買賣的獲利虧損線出現在圖表上後，績效報表就會一起出來了。如果你使用季線，要產出一條 60 日均線，至少就要引用 60 根 K 棒，而前面 60 根就不會算入績效報表之內，這就解釋了為什麼指標放均線都沒問題，但是訊號放均線，就會出現引用 K 棒的問題，相關問題圖示如下：

2019/4/29 上午 01:11:19

訊息: 指標 "NO36 Avg (TXF1-5 分鐘)"
發生錯誤:試圖引用的K棒數量(51)超
過目前設定。請增加最大K棒引用數量設定。

至於這個問題要如何解決呢？首先，打開 Multicharts 軟體，點選上方
❶「設定」→❷「策略屬性」。在「策略屬性」對話框「屬性」標籤頁裡，
修改❸「策略運算最大使用 K 棒數量」，依據使用者的需求更改。

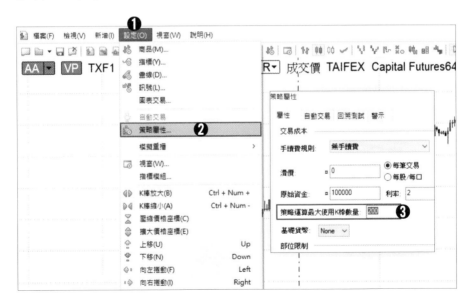

如果因為引用 K 棒數量不足的問題，導致策略無法運作，我們就要讓策略重新上線，也就是在「設定物件」對話框中「訊號」標籤頁下，點選❶「狀態」。

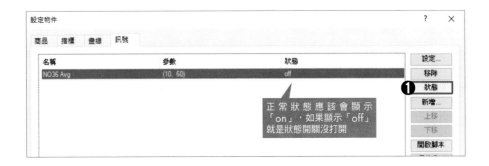

當使用者要幫策略做參數最佳化的時候，常常需要擴充參數的運算數值，無意間 K 棒使用的數量就會超過預設的 50，因此要記得先調整好。

與均線相關的指標，其實都與 K 棒有關，如果要引用季線（60 日均線），通常就會出現這個問題，雖然還有其他可能造成的因素，但是，只要知道問題的主因與解決方法，問題都能迎刃而解。

9-2 設定下單口數

各位使用者在下單交易的時候，可能下單的口數會大於 1 口，這樣的話輸贏結果都直接倍增。雖然我以多策略為主，但是，如果使用者要一次交易 2 口以上也可以，只要注意風險管理即可，方法有兩種：

方法1》策略屬性設定法

投資人可以從 Multicharts「策略屬性」的地方修改，只要調整「固定委託股數（口數）」即可。

方法2》程式語法寫入法

使用者可以利用 contract（contracts）、share（shares）等單字，並

且在交易指令（buy、buytocover、sell、sellshort）後面寫入交易口數即可，範例如下：

```
1
2   //stoploss
3   input:SL(50);
4   if marketposition <> 0 then begin
5       sell("sell") 2 contract next bar entryprice-SL stop;
6       buytocover("cover") 2 contract next bar entryprice+SL stop;
7   end;
8
```

> 在交易指令後方輸入下單口數，就可以更改下單口數限制

建議從程式語法修改，還可將口數參數化

如果方法 1 與方法 2 同時使用的話，會以程式語法寫入法的數字為基準，不會變成兩者相乘。另外，關於口數的增減，建議使用程式語法寫入法，因為語法的優先順序會大於策略屬性的設定，而且語法也能將口數參數化，讓口數調整更為方便，資金比較充足的投資人，可以試試看。

⑨³ 如何看大台指下小台指？

　　Multicharts 裡面有一種特殊的下單模式——看大台指（TXF）下小台指（MTX），它與一般的「看大下大」有什麼差別呢？其實，喜歡選擇「看大台指下小台指」的投資人，多半基於以下的原因：

　　1. **資金問題**：因為資金不足，所以只能以小台指為主。

　　2. **籌碼問題**：主力都以大台指為主，但是大台指跟小台指的價格大致上連動，如果策略是需要觀察籌碼動能的投資人，例如：委買委賣、內外盤比等，大多會以大台指為判斷依據，因此才會看大台指下小台指。

　　至於要如何改變商品代號，其實使用者只要點一下桌面右下方的❶「方

向鍵」，並且選取❷「Multicharts LOGO」，選擇❸「委託參數設定」，
並且在「下單商品轉換」標籤頁進行設定即可。

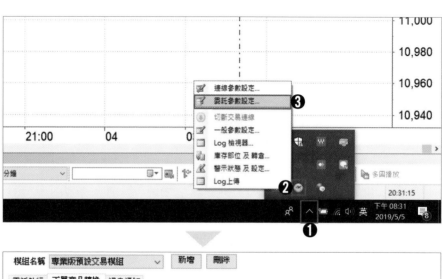

　　舉例來說，如果是要觀察大台指，下單小台指的話，主圖商品代號不變，以「TXF」為主，下單商品代號改成小台指（MXF）就行了。

海期商品要留意各國交易所下單種類

　　只要調整下單商品代號，下出去的商品就會跟著改變，而這個招式也可以應用在海外期貨商品上面，例如：看大恒生下小恒生等。不過，要注意的是，海外期貨商品的下單種類要特別注意，這是因為各國期交所都有特別的下單設定，有的沒有停損單，有的連市價單也沒有，請投資人自行依實際情況做調整。

9-4 以讓價式限價單下市價單

　　市價單（Market）在金融市場裡是再平常不過的名詞，但是，你知道有的市場是不能下市價單嗎？其實，期貨委託單共分為限價單、市價單、停損市價單與停損限價單等 4 種，各國交易所能夠接收的委託單種類都不同（詳見圖 1）。

亞股幾乎無停損單，港股連市價單都沒有

　　從圖 1 可以發現，美國與歐洲其實都有停損單；亞洲股市幾乎沒有停損單，最特別的是港交所與澳交所，連市價單也沒有，只有限價單而已。而 Multicharts 要每次都下出限價單，設定上不是不行，但是，需要做特

圖1 目前台灣期交所只能接受限價單與市價單
——各交易所的委託單種類

交易所		委託單			
縮寫	交易所名稱	限價單 Limit	市價單 Market	停損市價 Stop Market	停損限價 Stop Limit
CME	芝加哥商業交易所	○	○		○
CBOT	芝加哥商品交易所	○	○		○
NYMEX	紐約商品期貨交易所	○	○		○
NYBOT	紐約期貨交易所	○	○		○
EUREX	歐洲交易所	○	○	○	
LIFFE	倫敦交易所	○	○		○
ASX	澳洲交易所	○			
TOCOM	東京工業交易所	○	○		
OSE	大阪交易所	○	○		
SGX	新加坡交易所	○	○		○
HKEX	香港交易所	○			
TAIFEX	台灣期交所	○	○		

資料來源：各國期交所

別的調整。因為港交所沒有市價單，所以一定要用讓價的方式下單。這邊所指的讓價，舉例來說，假設恒生指數目前的價位是 2 萬 9,550 點，投資人下單的價格是 2 萬 9,565 點的限價單。因為這筆委託單的價格

圖2 利用限價單的方式交易，才能避免買到天價商品
——用限價單方式下市價單

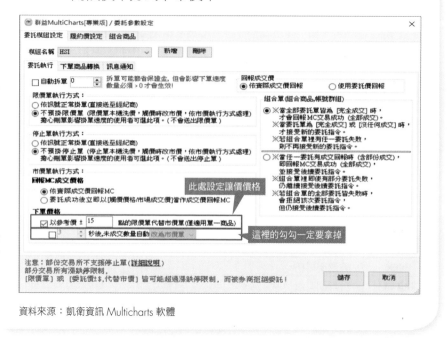

資料來源：凱衛資訊 Multicharts 軟體

比較好，所以會像市價單一樣優先被執行。不過，這筆委託單的成交價格還是在 2 萬 9,550 點附近，就算臨時出現「快市」，成交價也不會高於 2 萬 9,565 點。另外，港股的跳動非常活潑，因此建議投資人讓

價的點位不要設得太小。我下恒生指數都是設定讓價 15 點，而且市價單的最後一個選項絕對不能勾，不然就麻煩了（詳見圖 2）。

香港恒生指數是非常適合有台指期交易經驗的投資人來布局，因為它的漲跌幅度更大。台指期每天上下可能只有 80 點，但是，恒生指數可能每天震盪達 300 點，也就是説，同樣是去頭去尾剩中間的低買高賣策略，港股吃到的肉可能會比較大塊一些，有興趣的投資人不妨嘗試看看，但是記得要先開通海外報價，才能看到海外期貨的報價。

9-5 如何設定多圖表？

在看盤軟體中，有個招式可能常聽到高手、老手或老師提到，也就是透過不同週期的 K 線圖，例如：1 分線、60 分線、日線等，將 3 張圖交互切換，以找到適合的買點。這樣做的好處在於，考慮的層面不僅僅是短線跳動的 1 分線，連中、長線的觀點也能考量到，是一種比較進階的看盤方法。而這種方法不僅在一般的看盤軟體能做到，其實在 Multicharts 也能做到，設定方法如下：

首先，打開 Multicharts 軟體，按下滑鼠右鍵，點選❶「新增商品」，並且依序設定❷台指期 5 分鐘線、加權指數 5 分鐘線與台指期日線。設定完成後就可以在 1 張圖表上同時存在 3 張線圖。

　　如果使用者所撰寫的策略，同時參考好幾個圖表，例如：籌碼類策略、價差或配對交易等，都是以這種多圖表設定法為基礎，進而使用各種運

算。雖然開圖表的方式還算簡單，但是，策略實際上線後很容易碰到問題，例如：訊號似乎沒那麼準確，好像會飄來飄去，其實這與訊號的同步運算問題有關係。

策略使用多圖表，不能勾選同步運算

一個策略要用 2 張、3 張圖表，與圖表是否需要同步運算，是兩個不同的問題。前者只是代表策略會參考到第二圖表（data2）、第三張圖表（data3）的資料，跟策略有關；後者是跟下單交易比較有相關的問題。

舉例來說：有 3 張圖表，data1 放台指期、data2 放電子期、data3 放金融期，台指期跳動的時候，電子期與金融期未必同時會跟著動作，因為電子期跟金融期的成交量比較小，如果此時設定成同步運算的話，可能會發生反應不夠靈敏的問題，建議使用者一開始就不要選擇同步運算會比較保險，至於取消的方式如下：

首先，在多張圖表的 Multicharts 中，點選❶「設定」→❷「策略屬性」。在「回溯測試」標籤頁中，把❸進階的勾勾拿掉。

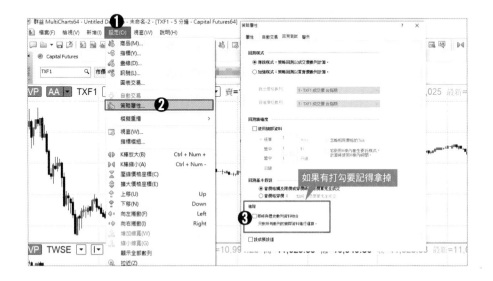

　　除了 data2、data3 不一定會有連動的問題之外，另一個顯著的影響，就是使用日線策略的時候，如果使用者在 data2 是用外資籌碼或 P/C ratio 等指標，這類型的資料都需要每天自己去另外維護。但是，由於 data1 與 data2 不會同步，因此回測的時候看似沒問題，實際上線時，這個日線策略可能在盤中時，策略條件滿足，卻因為同步運算的問題，導致不會進單，這樣的話麻煩可大了。

9-6 利用測試委託單 檢查下單機功能

　　投資新手可以在入金前，利用不放保證金的方式來下測試單，這個流程能順利檢測所有的步驟，從委託模組、交易帳號等問題全部都能測試一輪，只有設定好下單機的完整步驟，才會出現保證金不足的訊號（詳見下圖），這代表你的自動交易，已經是萬事俱備，只欠東風的狀態。

2019/4/30 下午 11:56:34
來源: Capital Futures
訊息: 商品: YM1
委託單: 買進 市價單 1
狀態: 被拒絕
原因: 送出委託失敗,999:000[060]
　　此投資人保證金不足,不可下單!
　　　#

由於大多數的投資人，帳戶內都會放資金，因此我們不能用真正下單的方法下出去，不過，透過圖表交易的測試掛單，也可以達到測試的目的，如果已經在圖表右上角的「圖表交易」做好下單模組的前置設定，使用者就能開始測試，只要試著掛 1 口離正式價格較遠的限價單或停止單，就可以完成測試單。

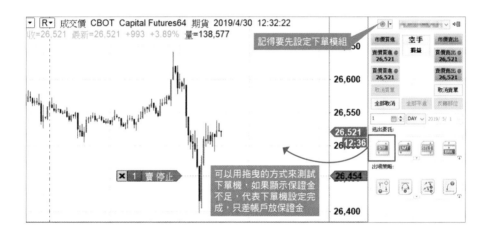

至於測試下單常遇到的問題，包括模組錯誤、未明訂交易帳號，以及未收到商品行情資料等 3 種，描述如下：

問題1》模組錯誤

只要出現以下的圖示，就代表用錯模組了，投資人只要換成正確的委託模組，問題就可以改善。

2019/4/30 下午 11:53:29
來源: Capital Futures
訊息: [1:30][專業版預設交易模組]PlaceOrder(B
$市價x1 Entry) Reject:
[1:30][專業版預設交易模組]PlaceOrder(B
$市價x1 Entry) (價格倍數：1
倍,支援停止限價商品讓價(外)：0)委託拒絕:
[期外-▨▨▨▨▨▨▨▨-▨▨▨▨] 無法委託
[台灣證券]: YM1

問題2》未明訂交易帳號

只要出現以下圖示，就代表沒有設定好交易帳號，使用者要記得去帳號設定的地方，將委託模組與交易帳號設定完成即可。

2019/5/1 上午 12:03:00
來源: Capital Futures
訊息:
[1405499852:33][專業
版預設交易模組]PlaceOrder(S
$市價x2 Entry) Reject: [1405499852:33][專
業版預設交易模組]PlaceOrder(S $市價x2 Entry)
(價格倍數：1
倍,支援停止限價商品讓價(外)：0)委託拒絕:
此交易必須明訂交易帳號!

問題3》未收到商品行情資料

只要出現以下圖示，就代表系統沒有收到商品的行情資料，會出現這個錯誤訊息的原因有 2 種可能性：

1. 商品還沒有開盤，等正確的開盤時間才能委託下單。

2. 行情數據源的行情暫時沒有訂閱到，這時要在 QuoteManager 使用新增商品，從數據源取得，並且任意新增一個數據源裡的新商品，例如「台指期（買 2）」這種實用性不高的商品即可，我們只是要重新串聯行情通道而已，完成之後記得重開 Multicharts。

> **2019/5/1 上午 12:05:04**
> 來源: Capital Futures
> 訊息: 商品: FXF1
> 委託單: 買進 市價單 1
> 狀態: 被拒絕
> 原因:
> [-2:35]委託拒絕，尚未收到商品(FXF1)行情資料

測試下單的步驟，代表從設定圖表、掛載策略訊號、下單模組設定，下單機設定等步驟都已經全部完成，最後就剩下開啟自動下單的 AA（或 SA）按鍵，就可以開始準備上場交易了。

⑨⑦ 從商品特性設定滑價金額

常常會有使用者問我，要設定多少的滑價比較適當，這個問題需要比較嚴謹來面對，因為每個商品的特性都不一樣，所以投資人應該依據商品特性再來決定滑價的金額（詳見表1）。

快市時滑價高達 10tick，對當沖單影響最大

所謂的商品特性，純粹是以上下 5 檔（海外期貨商品是上下 10 檔）來決定，並且搭配開盤期間的跳動，有交易期貨的投資人一定懂得這種跳動的感覺，雖然「快市」（價格短時間內劇烈變動）的時候一次滑 3tick ～ 10tick 都可能會發生，但是大多數時候這些滑價設定應該都夠，

表1 台指期波動屬於一般型，滑價設定約2tick即可
——商品特性與滑價金額

特性	商品	滑價設定建議
老牛拖車型	小日經、債券	1tick
一般型	台指期、A50期貨	2tick
活蹦亂跳型	恒生指數、小道瓊指數	3tick

不至於會讓投資人付出過多的交易成本。其實有在下單的投資人，可以透過券商的軟體，開啟能看到上下 5 檔（海外期貨商品為 10 檔）掛單的功能「閃電下單」或「光速下單」，就能看到個別商品的實際情況。至於商品的滑價特性，大致可以分成 3 種（詳見圖 1）。

特性1》老牛拖車型

這類型的商品，最著名的標的就是小日經、玉米、債券類等，投資人可以看到所掛的單常常都是 3 位數甚至 4 位數以上的單，跳動起來相對緩慢，因此滑價設定 1tick 即可。

圖1 期貨商造市張數愈多,價格跳動就愈緩慢
——3種商品滑價類型

◎老牛拖車型

市場	價格	市場
	123'26.0	
	123'25.5	
	123'25.0	4044
	123'24.5	3838
	123'24.0	4164
	123'23.5	4932
	123'23.0	4865
	123'22.5	4572
	123'22.0	4618
	123'21.5	4000
	123'21.0	3481
	123'20.5	1149
1154	123'20.0	
3241	123'19.5	
3718	123'19.0	
3776	123'18.5	
4135	123'18.0	
4085	123'17.5	
3988	123'17.0	
3723	123'16.5	
3827	123'16.0	
3851	123'15.5	
35498	總計	39663

◎一般型

市場	買	價格	賣	市場
	+	10957	+	
	+	10956	+	
	+	10955	+	
	+	10954	+	
	+	10953	+	
	+	10952	+	
	+	10951	+	
	+	10950	+	53
	+	10949	+	44
	+	10948	+	83
	+	10947	+	91
	+	0946#1	+	11
41	+	10945	+	
68	+	10944	+	
40	+	10943	+	
28	+	10942	+	
38	+	10941	+	
	+	10940	+	
	+	10939	+	
	+	10938	+	
	+	10937	+	
	+	10936	+	
215		總計		282

◎活蹦亂跳型

市場	買價	格	賣	市場
	+	26549	+	4
	+	26548	+	9
	+	26547	+	5
	+	26546	+	4
	+	26545	+	12
	+	26544	+	7
	+	26543	+	7
	+	26542	+	8
	+	26541	+	4
1	+	26540	+	
5	+	26539	+	
7	+	26538	+	
8	+	26537	+	
9	+	26536	+	
6	+	26535	+	
10	+	26534	+	
9	+	26533	+	
9	+	26532	+	
9	+	26531	+	
73		總計		74

資料來源:券商看盤軟體

特性2》一般型

這類型的商品,其流動性與造市掛單都還不錯,例如:台指期、A50期貨、外匯類商品都屬於此類型,建議滑價設定大約 2 tick。

特性3》活蹦亂跳型

這類型的商品，其造市掛單往往 1 檔都是 10 口以下，除了價格很容易被打穿之外，盤中也常常 1 次跳動 2tick ～ 3tick，因為非常活潑，所以滑價至少要放 3tick。

滑價設定的標準不一，主要還是要看商品掛價為主，不能全部都用同一套標準，而影響最大的會是當沖單，因為每天都沖來沖去，對滑價的敏感度最高。

滑價設定宜寬鬆，寧可高估也不要「爆表」

但是，預設好的滑價有沒有可能不夠用呢？當然有可能。因為盤中主力進場的時候，1 秒鐘漲 10 點～ 15 點（10tick ～ 15tick）都是會發生的事，所以滑價設定只是防患於未然而已，只是預先高估的做法，就像各行各業抓預算一樣，寧可一開始多抓一些，也不要真的出現「爆表」時，才發現根本沒預留資金。

9-8 關於細部回測與IOG模式

市場上的交易高手都有自己的交易方法，有人喜歡做波段單、有人喜歡做當沖單。我也曾經看過有投資人使用 1 秒、1tick 等，幾乎是高頻交易等級的短週期策略。這種層級就需要用到「細部回測」，比較能測出真實的狀況。

所謂細部回測，代表使用者所運用的歷史資料，將會包含所有收到的 tick 資料，而 tick 資料是指盤中每 1 筆波動的軌跡，這種方法能夠更精密找到歷史的點位。

不過，這個方法非常吃資料量，而且 tick 級資料預設，只能線上回補

1 個月左右數據。至於影響的資料量有多大呢？假設分線資料從 1998 年 7 月到 2019 年 4 月，總資料約 127MB，而 tick 資料大約 3 ～ 4 個月就超越 127MB，因此，要用細部回測的人，必須有兩個前提：第一是資料需要自行蒐集，因為蒐集 tick 的人真的不多；第二是硬體設施不能太差，資料量如此龐大，CPU、RAM 或硬碟的規格都要高一些才行。筆者一般在教學時，並不會主動教到這部分。

　　細部回測的設定方式是從 Multicharts 的「策略屬性」對話框裡「回溯測試」標籤頁，勾選「使用細部資料」進行設定。

如果有使用 set 語系的停損停利出場條件，它會每個 tick 都檢查一次。有時候細部回測會像照妖鏡，因為 K 棒在生成的時候，無論是先往上或先往下，都會對績效造成影響。

另外一種是關於 IOG（Intrabar Order Generation）模式，也就是 K 棒內產生委託，這邊會變成每次系統收到 tick，都會當作收盤價去處理，因為與細部回測息息相關，所以本文一併做基礎介紹。

須熟悉軟體操作，故不建議初學者使用

使用 IOG 功能，主要有兩種途徑，第一種是在我們的下單策略的語法中，加入一行「IntrabarOrderGeneration=True」，這段文字如果有看 Multicharts 內建訊號的投資人，應該早就發現有這條了，不過內建是 false 的停用狀態。

第二種是從 Multicharts「設定訊號」裡面的「設定」，這邊有個「屬性」標籤頁，進去之後就能勾選「啟動 K 棒內產生委託」，這邊還能對進出場做分別調整，各位朋友使用之前要記得用「細部回測」來測試一下。

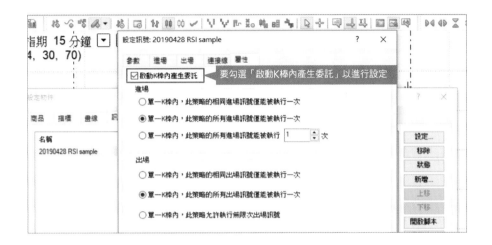

　　如果投資人真的用到超短週期來當沖的話，建議將「AA」改為「SA」，這個模式會比較適合短週期交易，因為有成交的紀錄才會打在圖表上面。

　　總的來說，細部回測與 IOG 模式的使用，除了使用者要對 Multicharts 各種操作的基本知識熟練，電腦配備也不能太低階，而且盤中每次的 tick 跳動都算是新的收盤價，是非常進階的技巧組合，往往使用的週期也都很短，也許 1 秒、1tick、10 口、5 點等等，除非真的很有興趣開發，不然真的不建議新手朋友學習。

9.9 使用特殊K棒注意事項

　　曾經有人問過我，有沒有使用過特殊 K 棒來開發策略，至於什麼是特殊 K 棒呢？這邊我用 Heikin-Ashi 線（裁縫線）簡單為大家介紹一下。所謂的裁縫線也可以稱為 HA 線，它是將正常的 K 棒運用不同的計算方法，一般會看到上漲下跌分明的紅買綠賣線，Multicharts 內建指標有 HA 線，至於程式碼的原文請參考 4-6，使用者可以自行引用。

　　裁縫線最大的缺點在於，它用的不是真實的 K 棒，因此下單的點位會跟實際的點位不一樣，導致績效看起來非常的勇猛，勝率也相當讓人滿意，滿意到會讓投資人覺得可以規畫退休人生的程度。但是，裁縫線畢竟是改造過的 K 棒，真實情況可不是如此（詳見圖 1）。而夢想幻滅的

圖1 裁縫線等特殊K棒，會有美化績效的缺失
——使用裁縫線前後之差異

◎使用裁縫線的績效

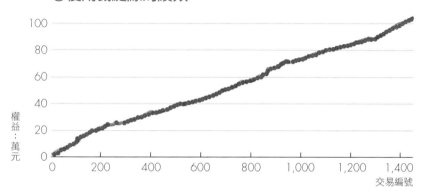

◎不使用裁縫線的績效

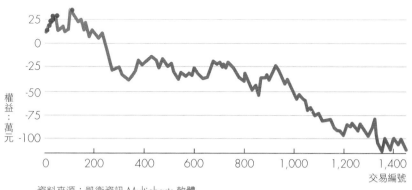

資料來源：凱衛資訊 Multicharts 軟體

373

原因，是因為真正的 K 棒與重新計算過的 K 棒有差距，雖然有些小誤差仍然可以接受，但是這種績效的差距實在過於誇張。

若特殊 K 棒運用得宜，可激發新的投資策略

但是，我們也不應該一竿子打翻一條船，因為裁縫線仍然有可取之處，例如：它的收盤價計算方式是開盤價＋最高價＋最低價＋收盤價，再除以 4，這種算法叫做「平均 K 棒」，如果運用得當的話，是可以提供給投資人更多新的概念與想法，不過運用方法就留待大家自行開發吧。

其實，還有很多種特殊 K 棒，我有見過高手使用 1 tick、1 秒、range bar、Renko 圖來做策略。高手的想法非我能盡窺，要使用到上手的等級，都要經過測試、測試、再測試，各種問題都必須再三測試後才能完整上線，有些是語法問題、有些是設定問題，只有寫策略的投資人才會對策略最了解，希望大家有機會可以嘗試看看，唯有親自使用才能了解箇中奧祕之處。

找到屬於自己的
勝利方程式

後記

　　踏進程式交易的殿堂，對於一般的投資人而言，我認為是一個全新的
領域，在這扇大門之外，是各式各樣主觀交易的思考與行為模式，但是，
進入程式交易這扇大門後，要考量的部分就完全不同了。以交易策略而
言，投資人會開始懷疑所聽到的交易策略，會想去驗證策略的可行性、
勝率等因素，而思考的交易策略也會更有邏輯性。

　　以交易心魔而言，初學者可能會懷疑策略，選擇不跟單，有時是主觀
意識作祟，手不聽話想要干預程式下的單，不過，這時就要回到程式交
易的初衷，投資人寫出來的策略是透過各種的演算，找出過去成功的軌
跡，但是，過去永遠不代表未來。

　　許多使用者會從租用別人的策略開始，其實我自己也租用過快 3 年的策略。投資人租用策略雖然一樣能達到程式交易的境界，但是，會有「知其然不知其所以然」的缺憾，這時候各種想要干預的心魔就會開始作祟，建議真的想下的話，開多帳號會比較好，用另外一個帳號來下主觀交易的單，以避免對程式單造成干擾。

　　學習程式交易時，最需要了解策略的內涵，必須知其然也知其所以然，才能在關鍵的時刻做到自我調整，希望每一位使用者都能找到屬於自己的勝利方程式。

國家圖書館出版品預行編目資料

自學也能輕鬆上手的程式交易：Multicharts基礎、實戰與釋疑 / 陳宏傑著. -- 一版. -- 臺北市：Smart智富文化, 城邦文化, 2019.05
面；　公分
ISBN 978-986-97681-1-5（平裝）

1.證券投資 2.電腦程式

563.53029　　　　　　　　　　　　　　108004967

Smart 智富

自學也能輕鬆上手的程式交易：Multicharts 基礎、實戰與釋疑

作者	陳宏傑
商周集團	
執行長	郭奕伶
總經理	朱紀中
Smart 智富	
社長	林正峰
總編輯	劉 萍
總監	楊巧鈴
編輯	邱慧真、施茵曼、陳婕妤、陳婉庭、劉鈺雯
資深主任設計	張麗珍
版面構成	林美玲、廖洲文、廖彥嘉
出版	Smart 智富
地址	104 台北市中山區民生東路二段 141 號 4 樓
網站	smart.businessweekly.com.tw
客戶服務專線	（02）2510-8888
客戶服務傳真	（02）2503-5868
發行	英屬蓋曼群島商家庭傳媒股份有限公司城邦分公司
製版印刷	科樂印刷事業股份有限公司
初版一刷	2019 年 5 月
初版五刷	2023 年 5 月
ISBN	978-986-97681-1-5

為了提供您更優質的服務，《Smart 智富》會不定期提供您最新的出版訊息、優惠通知及活動消息。請您提起筆來，馬上填寫本回函！填寫完畢後，免貼郵票，請直接寄回本公司或傳真回覆。Smart 傳真專線：（02）2500-1956

1. 您若同意 Smart 智富透過電子郵件，提供最新的活動訊息與出版品介紹，請留下
   電子郵件信箱：

2. 您購買本書的地點為：□ 超商，例：7-11、全家
   　　　　　　　　　　　□ 連鎖書店，例：金石堂、誠品
   　　　　　　　　　　　□ 網路書店，例：博客來、金石堂網路書店
   　　　　　　　　　　　□ 量販店，例：家樂福、大潤發、愛買
   　　　　　　　　　　　□ 一般書店

3. 您最常閱讀 Smart 智富哪一種出版品？
   □ Smart 智富月刊（每月 1 日出刊）　　□ Smart 叢書　　□ Smart DVD

4. 您有參加過 Smart 智富的實體活動課程嗎？　　□ 有參加　　□ 沒興趣　　□ 考慮中
   或對課程活動有任何建議或需要改進事宜：

5. 您希望加強對何種投資理財工具做更深入的了解？
   □ 現股交易　　□ 當沖　　□ 期貨　　□ 權證　　□ 選擇權　　□ 房地產
   □ 海外基金　　□ 國內基金　　□ 其他：

6. 對本書內容、編排或其他產品、活動，有需要改善的事項，歡迎告訴我們，如希望 Smart
   提供其他新的服務，也請讓我們知道：

您的基本資料：（請詳細填寫下列基本資料，本刊對個人資料均予保密，謝謝）

姓名：　　　　　　　　　　　　　性別：□ 男　□ 女

出生年份：　　　　　　　　　　　聯絡電話：

通訊地址：

從事產業：□ 軍人　□ 公教　□ 農業　□ 傳產業　□ 科技業　□ 服務業　□ 自營商　□ 家管

您也可以掃描右方 QR Code、回傳電子表單，提供您寶貴的意見。

想知道 Smart 智富各項課程最新消息，快加入 Smart 課程好學 Line@。

LINE@

● 填寫完畢請沿著右側的虛線撕下。